handball-uebungen.de
Trainingseinheiten und Übungen für Ihr Training!

Inhaltsverzeichnis:

Vorwort

I0220762

1. Kurzer Einblick in die Jahresplanung
   - Jahresplanung
   - Zerlegung der Jahresplanung in einzelne Zwischenschritte
   - Trainingseinheiten strukturiert aufbauen

2. Aufbau von Trainingseinheiten
   - Inhalte des Aufwärmens
   - Grundübungen
   - Hinweise zur Grundübung
   - Grundspiel
   - Zielspiel

3. Die Rollen/Aufgaben des Trainers

4. Trainingseinheiten
   - Hilfeaktionen in der Manndeckung auf Ballhöhe (TE 298) (⭐)
   - Spiel in die Tiefe gegen offensive Abwehr durch Doppelpässe (Give & Go) (TE 346) (⭐)
   - 1gegen1, 2gegen2 und 3gegen3 mit Passentscheidungen bei Hilfeaktionen der Abwehrspieler (TE 336) (⭐)
   - Abwehr: Übergang zur Raumdeckung – Einführen von Übergeben und Übernehmen (TE 306) (⭐)
   - Abwehrverhalten in der offensiven 1:5-Abwehr gegen das Zusammenspiel von Rückraum und Kreisspieler (TE 356) (⭐)

5. Über den Autor

6. Weitere Bücher des Verlags

Impressum
1. Auflage (16.10.2017)
Verlag: DV Concept
Autoren, Design und Layout: Jörg Madinger, Elke Lackner
ISBN: 978-3-95641-196-0

Diese Publikation ist im Katalog der **Deutschen Nationalbibliothek** gelistet, bibliografische Daten können unter http://dnb.de aufgerufen werden.

Vorwort

Liebe Leserinnen und Leser,

vielen Dank, dass Sie sich für ein Buch der trainingsunterstützenden Reihe von handball-uebungen.de entschieden haben.

Beim Wechsel von der E-Jugend in die D-Jugend (teilweise auch schon im zweiten E-Jugend Jahr) kommen auf die Spieler große Veränderungen zu. Meist wird in der E-Jugend in einer offenen Manndeckung mit einer eindeutigen Zuordnung zum Gegenspieler gespielt, im Prinzip spielen die Abwehrspieler 6 Mal im 1gegen1. Mit der immer besser werdenden technischen Ausbildung und der Zunahme der Dynamik der Angreifer, wird diese Abwehr in der D-Jugend keinen Erfolg mehr haben, da jede erfolgreiche 1gegen1-Aktion mit einer hohen Wahrscheinlichkeit direkt zum Torwurf führt.

Die Abwehr muss entsprechend reagieren und die Spieler müssen zusammenarbeiten, um Durchbrüche zu verhindern. Diese Hilfeaktionen können nur erfolgreich ausgeführt werden, wenn es den Spielern gelingt, neben dem eigenen Gegenspieler auch speziell den Ballhalter im Auge zu behalten und entsprechend zu reagieren. Das Sinken auf Ballhöhe in der Manndeckung und das richtige Erkennen, wann geholfen werden muss, sind die ersten Schritte.

Durch die Kooperation in der Abwehr, muss auch der Angriff mehr auf das Zusammenspiel setzen, die Spieler müssen nach erfolgreichen 1gegen1-Aktionen auf das Verhalten der benachbarten Abwehrspieler reagieren und die richtige Passentscheidung treffen. Auch Kooperationen wie Doppelpässe mit dem Kreisläufer gewinnen an Bedeutung. Auf diese Kooperationen muss dann wieder die Abwehr reagieren, durch Übergeben und Übernehmen und das Zusammenspiel gegen Doppelpässe. Dies führt dazu, dass Spieler in der Raumdeckung arbeiten und nicht mehr in der Manndeckung mit einem festen Gegenspieler agieren.

Die vorliegenden Trainingseinheiten stellen Beispiele dar, wie Hilfeaktionen in der Manndeckung eingeführt werden und wie im Angriff durch Kooperation die Chance auf den gemeinsamen Torerfolg erhöht werden kann. Die sich anschließenden Abwehreinheiten erarbeiten das Abwehrverhalten gegen den verbesserten Angriff.

Im Training sollten zunächst im Angriff die neuen Kooperationsformen eingeführt werden, um dann in der Abwehr Lösungen zu erarbeiten, wie gegen diese verbesserten Angriffsreihen gearbeitet werden kann.

Folgende Trainingseinheiten sind in diesem Buch enthalten:

TE 1 – Hilfeaktionen in der Manndeckung auf Ballhöhe (TE 298) (⭐)

Ziel der Trainingseinheit ist die Verbesserung der Hilfeaktionen in der Manndeckung. Dabei wird in der Manndeckung das Zurücksinken auf Ballhöhe zur gleichzeitigen Beobachtung von Ball und Gegenspieler gezielt trainiert. Nach der Erwärmung mit einem Spiel und einem Sprintwettkampf wird in einer individuellen Abwehrübung ins Thema eingeführt. Auf das Torhüter einwerfen folgt eine Übungsreihe aus individueller Abwehrarbeit über die Kleingruppe bis hin zum Abschlussspiel im 5gegen5.

TE 2 – Spiel in die Tiefe gegen offensive Abwehr durch Doppelpässe (Give & Go) (TE 346) (⭐)

Das Ziel der Trainingseinheit ist die Einführung des Doppelpasses mit dem Kreisläufer als Angriffsmittel gegen eine offensive 1:5-Abwehr oder offene Manndeckung. Nach der Erwärmung und einem kleinen Spiel wird in der Ballgewöhnung und im Torhüter einwerfen der Doppelpass eingeführt. Im Anschluss wird das auf den Pass folgende Freilaufen trainiert und dann in verschiedenen Varianten in der Kleingruppe im 2gegen2, 3gegen3 bis hin zum Abschluss im 4gegen4 angewendet.

TE 3 – 1gg1, 2gg2 und 3gg3 mit Passentscheidungen bei Hilfeaktionen der Abwehrspieler (TE 336) (⭐)

Beim Wechsel von der reinen Manndeckung zur Manndeckung mit Hilfeaktionen und später zur 1:5-Abwehr, gilt es für den Angriff, in kleineren Räumen im 1gegen1 erfolgreich zu sein und rechtzeitig den besser postierten bzw. freistehenden Mitspieler zu erkennen und entsprechend die Passentscheidung zu treffen. Die vorliegende Trainingseinheit übt, nach der Erwärmung mit einem kleinen Spiel und einer koordinativen Ballgewöhnung, 1gegen1 Aktionen mit und ohne Ball. Nach einer kombinierten 1gegen1 und 2gegen2-Übung, wird die Passentscheidung bei der Hilfeaktion der Abwehr trainiert, zunächst im 1gegen1, dann im Spiel 2gegen2. Ein Abschlussspiel im 3gegen3 festigt das Geübte und hilft, es im Spiel anzuwenden.

TE 4 – Abwehr: Übergang zur Raumdeckung – Einführen von Übergeben und Übernehmen (TE 306) (⭐)

Die vorliegende Trainingseinheit führt das Übergeben und Übernehmen in der Abwehr bei Positionswechseln der Angreifer, als einen wichtigen Baustein beim Übergang von der Manndeckung zur Raumdeckung, ein. Nach der Erwärmung und einem kleinen Spiel, werden in einem Fangspiel Absprachen in der Abwehr geübt. Eine erste Kleingruppenübung führt das Übergeben und Übernehmen ein, bevor dies, nach dem Torhüter einwerfen, vertieft und im Team erprobt wird. Ein Sprintwettkampf schließt die Trainingseinheit ab.

TE 5 – Abwehrverhalten in der offensiven 1:5-Abwehr gegen das Zusammenspiel von Rückraum und Kreisspieler (TE 356) (★)

Hauptziel der Trainingseinheit ist die Verbesserung des Abwehrspiels gegen das Zusammenspiel von Rückraum und Kreisläufer bei einer 1:5 Abwehrformation. Nach der Erwärmung und einem Sprintwettkampf wird in der Ballgewöhnung das Abschirmen eines Kreisläufers geübt. Im Torhüter einwerfen werden die Angriffsbewegungen im Give&Go wiederholt, bevor in zwei individuellen Abwehrübungen das Unterbinden des Kreisanspiels in vorderer und hinterer Abwehrreihe trainiert wird. Zwei Kleingruppenübungen im 2gegen2 und 3gegen3 beleuchten dann das Übergeben/Übernehmen bei Durchbruch eines Angreifers bzw. das Abwehrverhalten gegen einen versuchten Doppelpass mit dem Kreisläufer.

Anforderungen der Trainingseinheiten:

★   Einfache Anforderung (alle Jugend-Aktivenmannschaften)

★★   Mittlere Anforderung (geeignet ab C-Jugend bis Aktive)

★★★   Höhere Anforderung (geeignet ab B-Jugend bis Aktive)

★★★★   Intensive Anforderung (geeignet für Leistungsbereiche)

1. Kurzer Einblick in die Jahresplanung

Jahresplanung

In der Jahresplanung sollten folgende Punkte beachtet werden:
- Wie viele Trainingseinheiten habe ich zur Verfügung (hierbei Ferienzeit, Feiertage und den Spielplan mitberücksichtigen)?
- Was möchte ich in diesem Jahr erreichen/verbessern?
- Welche Ziele sollten innerhalb einer Rahmenkonzeption (des Vereins, des Verbands, z. B. DHB) erreicht werden? Beim Übergang von E- auf D-Jugend ist hier vorgesehen, dass von der Manndeckung auf eine Raumdeckung mit einer offensiven und einer defensiven Abwehrreihe umgestellt wird.
- Welche Fähigkeiten hat meine Mannschaft (haben meine individuellen Spieler)? Dies sollte immer wieder analysiert und dokumentiert werden, damit ein Soll-/Ist-Vergleich in regelmäßigen Abständen möglich ist. Gerade im Jugendbereich sind die Leistungsunterschiede oft sehr groß. Dies muss auch im Training berücksichtigt werden. In einem gemeinsamen Training kann durch sinnvolle Zusammenstellung von Gruppen der Lernzuwachs für einzelne Spieler optimiert werden.

Eine Abwehrumstellung kann immer nur dann sinnvoll trainiert werden, wenn die Angreifer überhaupt in der Lage sind, die Abwehr entsprechend zu fordern. Im vorliegenden Buch wird davon ausgegangen, dass die Angreifer es immer häufiger schaffen, im 1gegen1 mit und ohne Ball vorbeizukommen und sich so einfache Torchancen erarbeiten. Hilfeaktionen sollten damit in der Abwehr notwendig werden. Im Anschluss werden gegen eine aushelfende Abwehr Angriffskonzepte erarbeitet, wie der Doppelpass oder der Parallelpass zum freiwerdenden Spieler. Erst, wenn die Angreifer das Zusammenspiel beherrschen, kann die Abwehr dagegen trainiert werden.

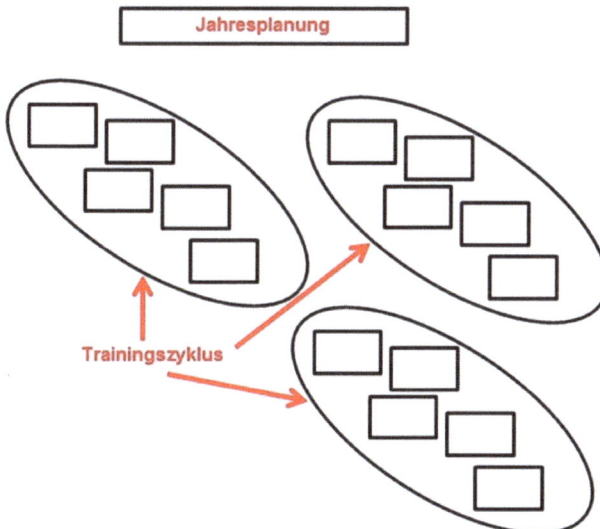

Zerlegung der Jahresplanung in einzelne Zwischenschritte:

- Die Jahresplanung kann noch einmal in spezielle Abschnitte eingeteilt werden.
- Im Jugendbereich können die Phasen beispielhaft so aussehen:
  - o Vom Saisonende bis zu den großen Ferien
  - o Das Training in den Ferien
  - o Die Phase bis zum Beginn der nächsten Spielsaison
  - o Innerhalb der Spielsaison kann man eventuell noch in die Hinrunde und die Rückrunde unterteilen, wobei auch hier die Ferienzeiten zu beachten sind.

Diese groben Trainingsphasen sollten dann schrittweise verfeinert und einzeln geplant werden:
- Einteilung der Trainingsphasen in einzelne Blöcke mit blockspezifischen Zielen (z. B. Monatsplanung)
- Einteilung in Wochenpläne
- Planung der einzelnen Trainingseinheiten

Hier könnte entsprechend der Einheiten in diesem Buch, zunächst ein Abwehrblock zur sinkenden Manndeckung mit Hilfeaktionen durchgeführt werden. Im Anschluss könnte ein Angriffsblock folgen mit Grundlagen des Zusammenspiels wie Doppelpässe, Parallelpässe oder auch Kreuzbewegungen.
Dann folgt wieder ein Abwehrblock, in dem diese neu erlernten Kooperationsformen verteidigt werden.

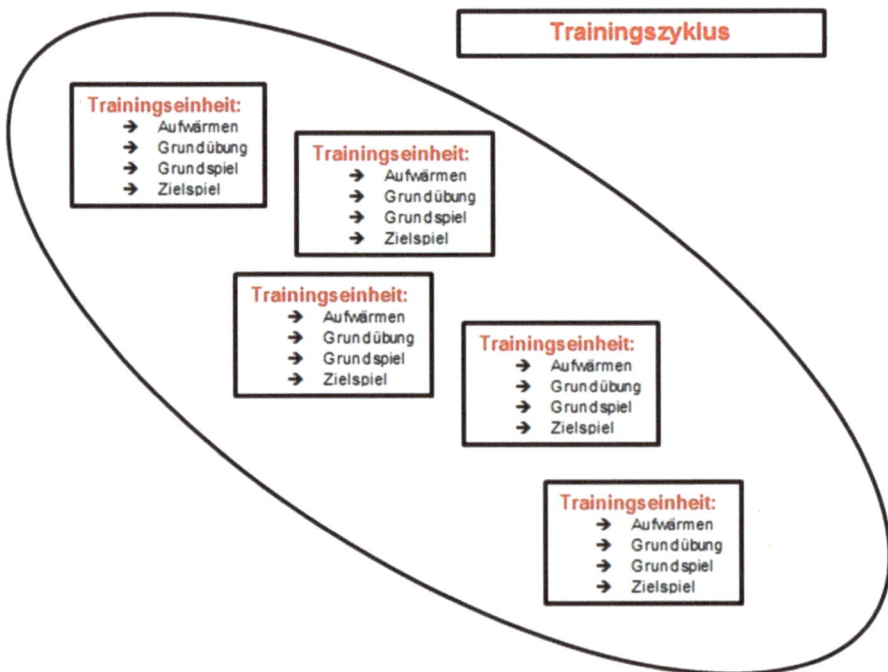

Trainingszyklus

Trainingseinheit:
→ Aufwärmen
→ Grundübung
→ Grundspiel
→ Zielspiel

Trainingseinheit:
→ Aufwärmen
→ Grundübung
→ Grundspiel
→ Zielspiel

Trainingseinheit:
→ Aufwärmen
→ Grundübung
→ Grundspiel
→ Zielspiel

Trainingseinheit:
→ Aufwärmen
→ Grundübung
→ Grundspiel
→ Zielspiel

Trainingseinheit:
→ Aufwärmen
→ Grundübung
→ Grundspiel
→ Zielspiel

Trainingseinheiten strukturiert aufbauen

Sowohl bei der Jahresplanung als auch bei der Planung der einzelnen Trainingseinheiten sollte eine klare Struktur erkennbar sein:

- Mit Blöcken arbeiten (siehe Monatsplanung): es sollte (gerade im Jugendbereich) über einen Zeitraum am gleichen Thema gearbeitet werden. So können sich Übungen wiederholen und Abläufe einprägen.
- Jedes Training sollte einen klaren Trainingsschwerpunkt haben. Die Themen sollten innerhalb einer Trainingseinheit nicht gemischt werden, sondern es sollten alle Übungen einem klaren Ziel folgen.
- Die Korrekturen im Training orientieren sich am Schwerpunkt (bei Abwehrtraining wird die Abwehr korrigiert und gelobt).

2. Aufbau von Trainingseinheiten

Der Schwerpunkt des Trainings sollte das einzelne Training wie ein roter Faden durchziehen. Dabei in etwa dem folgenden zeitlichen Grundaufbau (Ablauf) folgen:

- ca. 10 (15) Minuten Aufwärmen.
- ca. 20 (30) Minuten Grundübungen (2 bis max. 3 Übungen, plus Torhüter einwerfen).
- ca. 20 (30) Minuten Grundspiel.
- ca. 10 (15) Minuten Zielspiel.

1. Zeit bei 60 Minuten Trainingszeit / 2. Zeit in Klammer bei 90 Minuten Trainingszeit.

Inhalte des Aufwärmens

- Trainingseröffnung: es bietet sich an, das Training mit einem kleinen Ritual (Kreis bilden, sich abklatschen) zu eröffnen und den Spielern kurz die Inhalte und das Ziel der Trainingseinheit vorzustellen.
- Grunderwärmung (leichtes Laufen, Aktivierung des Kreislaufs und des Muskel- und Kochen-Apparats).
- Dehnen/Kräftigen/Mobilisieren (Vorbereitung des Körpers auf die Belastungen des Trainings).
- Kleine Spiele (diese sollten sich bereits am Ziel des Trainings orientieren).

Grundübungen

- Ballgewöhnung (am Ziel des Trainings orientieren).
- Torhüter einwerfen (am Ziel des Trainings orientieren).
- Individuelles Technik- und Taktiktraining.
- Technik- und Taktiktraining in der Kleingruppe.

Grundsätzlich sind bei den Grundübungen die Lauf- und Passwege genau vorgegeben (der Anspruch kann im Laufe der Übung gesteigert und variiert werden).

Hinweise zur Grundübung

- Alle Spieler den Ablauf durchführen lassen (schnelle Wechsel).
- Hohe Anzahl an Wiederholungen.
- Mit Rotation arbeiten oder die Übung auf beiden Seiten gleichzeitig/mit geringer Verzögerung durchführen, damit für die Spieler keine langen Wartezeiten entstehen.
- Individuell arbeiten (1gegen1 bis max. 2gegen2).
- Eventuell Zusatzaufgaben/Abläufe einbauen (die die Übung komplexer machen).

Grundspiel

Das Grundspiel unterscheidet sich von der Grundübung vor allem dadurch, dass jetzt mehrere **Handlungsoptionen** (Entscheidungen) möglich sind und der/die Spieler die jeweils optimale Option erkennen und wählen sollen. Hier wird vor allem das Entscheidungsverhalten trainiert.

- Das zuvor in den Grundübungen Erlernte mit **Wettkampfcharakter** durchführen.
- Mit Handlungsalternativen arbeiten – Entscheidungsverhalten schulen.
- Alle Spieler sollen den Ablauf häufig durchführen und verschiedene Entscheidungen ausprobieren.
- In Kleingruppen arbeiten (3gegen3 bis max. 4gegen4).

Zielspiel

- Das zuvor Geübte wird nun im freien Spiel umgesetzt. Um das Geübte im Spiel zu fördern, kann mit Zusatzpunkten oder Zusatzangriffen im Falle der korrekten Umsetzungen gearbeitet werden.
- Im Zielspiel wird das Gelernte im Team umgesetzt (5gegen5, 6gegen6).

Je nach den Trainingsinhalten können die zu erreichenden Ziele eine geringe Änderung im zeitlichen Ablauf von Grundübungen und Grundspielen.

handball-uebungen.de
Trainingseinholten und Übungen für Ihr Training!

Trainingsthema wählen:
➜ Roter Faden

Aufwärmen:
Dauer:
- ca. 10 (15) Minuten

Inhalte:
- „spielerisches Einlaufen"
- Spiele
- Laufkoordination
- (Dehnen und Kräftigung)

Grundübung:
Dauer:
- ca. 20 (30) Minuten

Charakteristik:
- individuell / in der Kleingruppe

Inhalte:
- klare Übungsvorgabe des Ablaufs
- Variationen mit klarer Vorgabe des Ablaufs
- vom Einfachen zum Komplexen
- keine Wartezeit für die Spieler

Grundspiel:
Dauer:
- ca. 20 (30) Minuten

Charakteristik:
- in der Kleingruppe

Inhalte:
- klare Vorgabe des Ablaufs plus Varianten
- Wettkampf

Zielspiel:
Dauer:
- ca. 10 (15) Minuten

Charakteristik:
- Teamplay (Kleingruppe)

Inhalte:
- Freies Spielen mit den Übungen aus der Grundübung und dem Grundspiel
- Wettkampf

3. Die Rollen/Aufgaben des Trainers

Ein erfolgreiches Training hängt stark von der Person und dem Verhalten des Trainers ab. Es ist deshalb wichtig, im Training bestimmte Verhaltensregeln zu beachten, um den Erfolg des Trainings zu ermöglichen. Das soziale Verhalten des Trainers bestimmt den Erfolg in einem ebenso großen Maße wie die reine Fachkompetenz. Gerade im Jugendbereich ist der Trainer auch ein Vorbild und kann durch sein Verhalten auch die Entwicklung der Jugendlichen prägen.

Der Trainer sollte:
- der Mannschaft zu Beginn des Trainings eine kurze Trainingsbeschreibung und die Ziele bekannt geben.
- immer laut und deutlich reden.
- den Ort der Ansprache so wählen, dass alle Spieler die Anweisungen und Korrekturen hören können.
- Fehler erkennen und korrigieren. Beim Korrigieren Hilfestellung geben.
- den Schwerpunkt der Korrekturen auf das Trainingsziel legen.
- individuelle Fortschritte hervorheben und loben (dem Spieler ein positives Gefühl vermitteln).
- fördern und permanent fordern.
- im Training, bei Spielen, aber auch außerhalb der Sporthalle immer als Vorbild auftreten.
- gut vorbereitet und pünktlich zu Training und Spielen erscheinen.

Vor allem im Jugendbereich:
- Die Spieler motivieren, „am Ball" zu bleiben, auch wenn nicht alles auf Anhieb klappt.

4. Trainingseinheiten

TE 1	Hilfeaktionen in der Manndeckung auf Ballhöhe		☆	90

Startblock		Hauptblock		
X	Einlaufen/Dehnen		Angriff / individuell		Sprungkraft
	Laufübung		Angriff / Kleingruppe	X	Sprintwettkampf
X	Kleines Spiel		Angriff / Team		Torhüter
	Koordination		Angriff / Wurfserie		
	Laufkoordination	X	Abwehr /Individuell		**Schlussblock**
	Kräftigung	X	Abwehr / Kleingruppe		Abschlussspiel
	Ballgewöhnung	X	Abwehr / Team		Abschlusssprint
X	Torhüter einwerfen		Athletiktraining		
			Ausdauertraining		

Legende:

✖   Hütchen

△1   Angreifer

◯1   Abwehrspieler

▦   Ballkiste

▭   kleine Turnkiste

╱ ╱   kleine Schaumstoffbalken

Benötigt:
➜ 1 kleine Turnkiste, 8-12 Hütchen, 3 kleine Schaumstoffbalken, 2 Ballkisten mit ausreichend Bällen, Kartenspiel, Stoppuhr

Beschreibung:
Ziel der Trainingseinheit ist die Verbesserung der Hilfeaktionen in der Manndeckung. Dabei wird in der Manndeckung das Zurücksinken auf Ballhöhe zur gleichzeitigen Beobachtung von Ball und Gegenspieler gezielt trainiert. Nach der Erwärmung mit einem Spiel und einem Sprintwettkampf wird in einer individuellen Abwehrübung ins Thema eingeführt. Auf das Torhüter einwerfen, folgt eine Übungsreihe aus individueller Abwehrarbeit über die Kleingruppe bis hin zum Abschlussspiel im 5gegen5.

Insgesamt besteht die Trainingseinheit aus folgenden Schwerpunkten
- Einlaufen/Dehnen (Einzelübung: 10 Minuten / Trainingsgesamtzeit: 10 Minuten)
- Kleines Spiel (10/20)
- Sprintwettkampf (10/30)
- Abwehr/individuell (15/45)
- Torhüter einwerfen (10/55)
- Abwehr/individuell (15/70
- Abwehr/Kleingruppe (10/80
- Abwehr/Team (10/90)

Gesamtzeit der Trainingseinheit: 90 Minuten

Nr.: 1-1	Einlaufen/Dehnen	10	10

Aufbau:
- Mit Hütchen (oder vorhandenen Linien) ein Feld definieren.

Ablauf:
- Die Spieler bewegen sich zu Beginn innerhalb des Feldes und führen verschiedene Laufbewegungen durch.
- Drei Spieler halten einen kleinen Schaumstoffbalken (alternativ Leibchen oder ein anderer weicher Gegenstand).
- Auf Pfiff des Trainers startet der zweite Ablauf:
  - ○ Die Spieler mit dem Schaumstoffbalken versuchen, diesen so schnell wie möglich an einen anderen Spieler abzugeben.
  - ○ Dazu sprinten sie zu einem Mitspieler (A) und übergeben den Balken (ein Spieler darf den Balken nicht ablehnen, er muss ihn nehmen).
  - ○ Der Spieler, der den Balken erhalten hat, versucht, ihn ebenfalls so schnell wie möglich an einen dritten Spieler abzugeben (B).
  - ○ Ein Spieler darf allerdings nie zwei Balken haben. Versuchen zwei Spieler gleichzeitig, demselben Spieler den Balken zu geben (C), muss er nur einen nehmen.
- Nach 30 Sekunden pfeift der Trainer wieder, die Spieler, die dann einen Balken haben, machen eine kurze Sonderaufgabe (Hampelmänner, Sprint zur Mittellinie).
- Dann startet der nächste Durchgang. Zunächst laufen die Spieler durcheinander, dann pfeift der Trainer und es beginnt erneut das Übergeben der Balken.

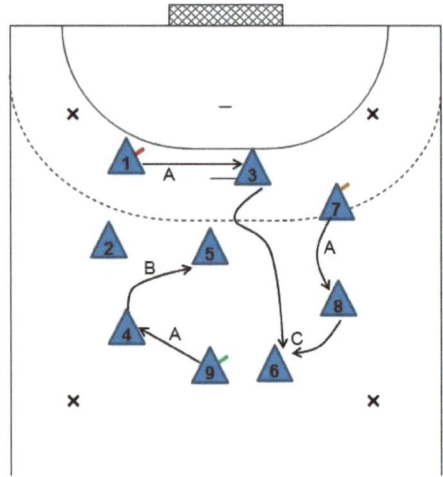

⚠ Die Spieler sollen in schnellem Sprint den Balken weiterreichen.

⚠ Ein Spieler, der den Balken übergeben bekommt, darf ihn nicht abwehren, er muss den Balken sofort annehmen und versuchen, ihn schnell wieder an den nächsten Spieler weiterzugeben.

Gemeinsam in der Gruppe dehnen/ mobilisieren.

Nr.: 1-2	kleines Spiel	10	20

Aufbau:

- Immer zwei Spieler stehen in den beiden diagonalen Ecken des Feldes.
- Alle anderen Spieler stehen innerhalb des Feldes.

Ablauf:

- Die zwei Spieler in den Ecken haben die Aufgabe, zusammenzufinden und sich zu berühren. Sie laufen im Feld aufeinander zu (A).
- Alle anderen Spieler versuchen, die beiden Spieler so lange wie möglich voneinander entfernt zu halten.
- Dabei arbeiten alle Abwehrspieler zusammen und versuchen, die Angreifer abzudrängen (B).
- Die Abwehrspieler dürfen die Angreifer aber nicht festhalten, sondern müssen mit den Armen und dem Körper die Laufwege zustellen und die Angreifer abdrängen.
- Der Trainer gibt das Startsignal und stoppt die Zeit, bis die zwei Spieler zusammengefunden haben. Welche Zweiergruppe ist am schnellsten?

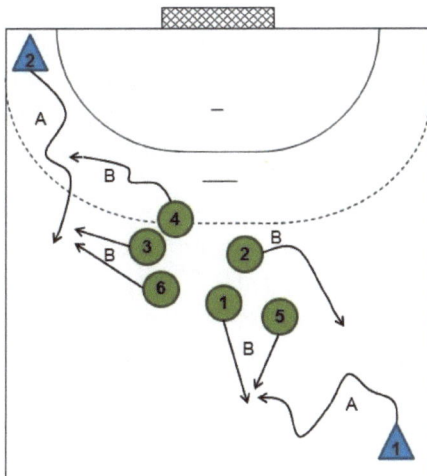

⚠ Die Abwehrspieler dürfen vorab eine Strategie absprechen.

Nr.: 1-3	Sprintwettkampf		10	30

Aufbau:

- In der Mitte des Spielfeldes eine kleine Turnkiste aufstellen. Ein Kartenspiel in zwei Hälften teilen und beide Stapel verdeckt auf die Turnkiste legen.
- Zwei Zielbereiche mit Hütchen abstecken, einer bekommt die Zuordnung „HIP", der andere die Zuordnung „HOP".

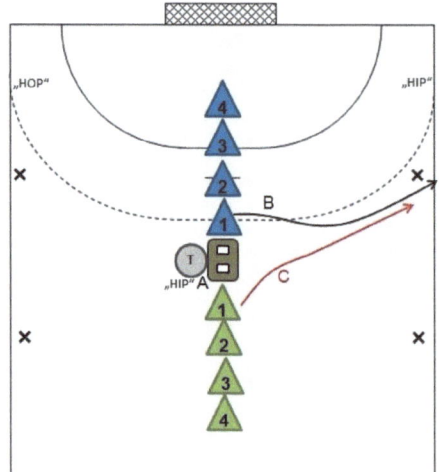

Ablauf:

- ▲1 und ▲1 stellen sich an die beiden Seiten der kleinen Turnkiste.
- Ⓣ deckt gleichzeitig die beiden obersten Karten auf (A) und ruft dabei das Kommando „HIP" oder „HOP" (im Beispiel „HIP").
- Das Kommando bestimmt das Ziel.
- Der Spieler mit der höheren Karte (▲1) wird zum Fänger und versucht, den anderen Spieler (▲1) (B) zu fangen (C), bevor der über die Ziellinie läuft.
- Gelingt das Fangen vor dem Ziel, bekommt ▲1 einen Punkt, sonst bekommt ▲1 den Punkt.
- Danach sind die nächsten zwei Spieler an der Reihe.
- Welcher Spieler erreicht die meisten Punkte?

⚠ Die Spieler müssen schnell auf die beiden Kommandos (optisch – wie sind die Aufgaben verteilt? und akustisch –. In welcher Richtung liegt das Ziel?) reagieren und die Folgeaktion entsprechend ausführen.

Nr.: 1-4	Abwehr / individuell	15	45

Aufbau:

- 3er-Gruppen bilden, pro Gruppe mit vier Hütchen (oder vorhandenen Linien) ein Spielfeld abgrenzen (s. Bild).

Ablauf 1 (Bild 1):

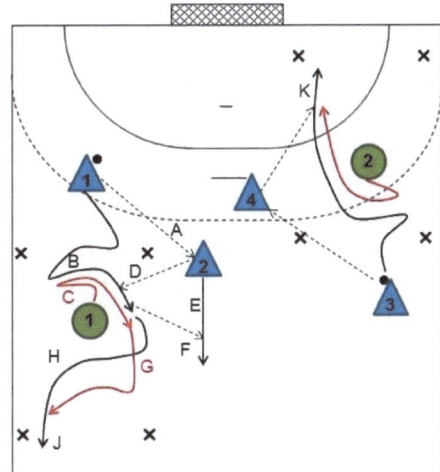

Bild 1

- ▲1 passt als Auftakt zu ▲2 (A) und versucht dann, sich im Feld wieder für einen Pass (D) anzubieten (B).

- ●1 versucht, den Pass so lange wie möglich zu verhindern (C).

- Gelingt ein Pass, verhindert ●1 den Durchbruch und ▲1 passt (F)

wieder zum Anspieler (▲2), der sich etwas nach vorne bewegt hat (E).

- Mit der Bewegung von ▲2 nach vorne (E), lässt sich der Abwehrspieler auf Ballhöhe zurückfallen (G), sodass er immer seinen Gegenspieler und den Ball beobachten kann.

- ▲1 kann weiter versuchen, sich freizulaufen (H), bis er ohne oder mit Ball über die hintere Linie läuft (J).

- Weitere Gruppen führen den gleichen Ablauf durch.

- Ziel der Angreifer ist es, mit Ball die hintere Linie zur überlaufen (K), der Abwehrspieler verhindert dies.

- Der Ablauf wiederholt sich fünfmal, dann wechseln die Aufgaben innerhalb der Gruppe, bis jeder Spieler einmal Angreifer, einmal Abwehrspieler und einmal Zuspieler war.

Ablauf 2 (Bild 2):

- Der grundsätzliche Ablauf aus Ablauf 1 bleibt erhalten.

- Der Anspieler (2) kann jetzt auch die Entscheidung treffen, mit Ball zu prellen (L und N) und versucht dann, das ihm nähere hintere Hütchen zu berühren.

- Sobald 2 prellt, orientiert 1 sich zu 2 und verhindert das Berühren des Hütchens (M). Wenn 2 geprellt hat, darf er nicht mehr zu 1 passen.

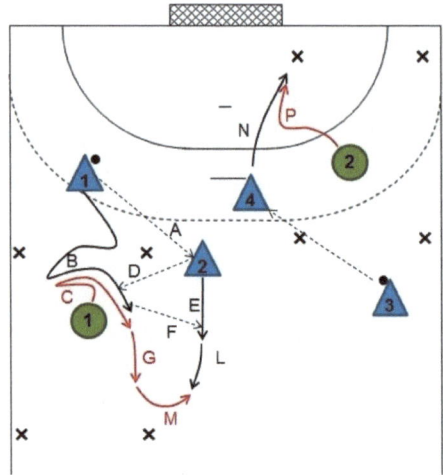

Bild 2

- Der Abwehrspieler muss zuvor den Anspieler mit Ball zusätzlich zu seinem direkten Gegenspieler beobachten, um rechtzeitig gegen das Prellen abwehren zu können (M und P).

⚠ Die Abwehrspieler müssen sich immer in den Laufweg des direkten Gegenspielers stellen, damit dieser sich keinen Spielvorteil erlaufen kann. Zusätzlich sollen die Spieler auch den Ballhalter beobachten, um beim Prellen dieses Spielers gegen den Durchbruch arbeiten zu können.

⚠ Die Anspieler dürfen, wenn sie einmal die Entscheidung zu prellen getroffen haben, nicht mehr abspielen.

Nr.: 1-5	Torhüter einwerfen	10	55

Aufbau:
- Bälle im 6-Meteraum auslegen.

Ablauf 1 (Bild 1):
- Die Spieler verteilen sich in der gesamten Hallenhälfte.
- Der Torhüter holt den ersten Ball (A) und passt den Ball zu einem der Spieler (B).
- Dann holt der Torhüter in schnellem Tempo sofort den nächsten Ball (C) und passt wieder zu einem anderen Spieler (D).
- Sofort wiederholt sich der Ablauf mit dem dritten Ball (E und F) und dann mit allen weiteren Bällen, bis alle Spieler einen Ball haben.

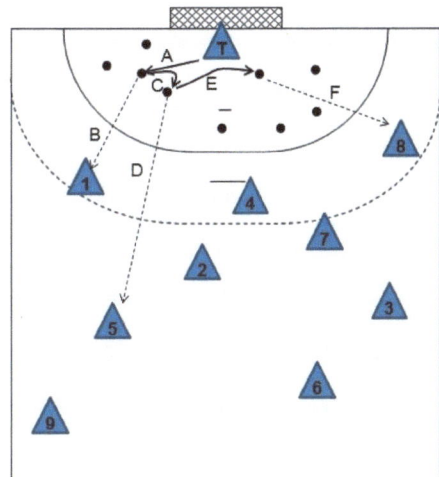

Bild 1

⚠ Die Spieler sollen durch Handzeichen dem Torhüter anzeigen, dass sie noch keinen Ball haben.

⚠ Der Torhüter soll die Bälle schnell holen, dann aber einen kontrollierten und genauen Pass spielen.

Ablauf 2 (Bild 2):
- Sobald alle Spieler einen Ball haben, stellen die Spieler sich in einer Gasse auf und der Torhüter läuft ins Tor.
- 🔺1 wirft nach Vorgabe (Hände, hoch, tief) nach links (G), etwas zeitversetzt wirft 🔺2 nach Vorgabe nach rechts (H), usw. bis jeder Spieler einmal geworfen hat.
- Nach den Würfen holen die Spieler ihren Ball, legen ihn im 6m ab und verteilen sich für die zweite Runde wieder im Feld.

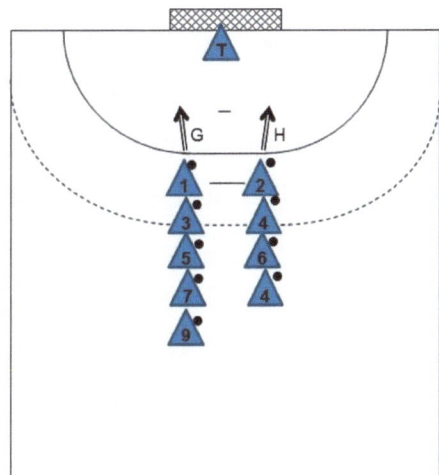

Bild 2

⚠ Eventuell zwei Wurfserien durchführen, bevor wieder mit Ablauf 1 begonnen wird, da der gesamte Ablauf für den Torhüter sehr intensiv ist. Alternativ trainieren zwei Torhüter im Wechsel.

Nr.: 1-6	Abwehr / individuell	15	70

Aufbau:

- Mit Hütchen zwei Korridore links und rechts abgrenzen (s. Bild).

Ablauf:

- △1 passt als Auftakt zu △2 (A) und versucht dann, sich im Feld wieder für einen Pass (C) anzubieten (B).

- ●1 versucht, den Pass so lange wie möglich zu verhindern (D) und im Idealfall, den Pass heraus zu fangen.

- Gelingt ●1 das Abfangen des Balles, geht er sofort in Richtung Tor (E) und schließt mit Wurf ab (F).

- Dann startet der Ablauf auf der rechten Seite (H und J).

- Der Anspieler kann, anstatt den Angreifer anzuspielen, auch die Entscheidung treffen, den Ball auf den Boden abzulegen (K).

- Das ist das Signal für den Abwehrspieler, den Ball aufzunehmen (L), in Richtung Tor zu gehen (M) und mit Wurf abzuschließen (N).

- Nach dem Wurf stellt sich ●1 mit Ball hinter △3 an, ●2 hinter △5.

- ●3 und ●4 rücken als Abwehrspieler nach, △1 und △2 stellen sich als nächste Abwehrspieler an.

- Nach einiger Zeit die Anspieler austauschen.

⚠ Die Abwehrspieler sollen gegen den direkten Gegenspieler verteidigen, aber immer auch den Ballhalter beobachten, so dass sie beim Ablegen des Balles sofort reagieren können. Dafür lassen sich die Abwehrspieler immer mindestens auf Ballhöhe zurückfallen.

⚠ Schafft es ein Angreifer, mit Ball die hintere Linie zu überschreiten, entfällt der Wurf für den Abwehrspieler.

Nr.: 1-7	Abwehr / Kleingruppe	10	80

Aufbau:

- Mit Hütchen den Angriffskorridor markieren (s. Bild).

Ablauf:

- 🔺1, 🔺2 und 🔺3 spielen im 3gegen3 gegen 🟢1, 🟢2 und 🟢3, wobei 🟢2 eingeschränkt ist (durch Schaumstoffbalken oder Leibchen unter den Armen).
- Die Angreifer sollen nicht Kreuzen oder Einlaufen, sondern versuchen, durch 1gegen1 Aktionen mit (A) und ohne Ball (B) durchzubrechen.
- Die Abwehrspieler verhindern die Durchbrüche (C und D).
- Da 🟢2 eingeschränkt ist, soll vor allem 🔺2 versuchen, 1gegen1 mit Ball durchzubrechen (E).
- 🔺1 und 🔺3 sollen immer neben dem eigenen Gegenspieler auch den Ballhalter beobachten und dann entscheiden, wann sie gegen einen Durchbruch von 🔺2 helfen müssen (F).
- Nach Wurf oder Ballverlust starten die nächsten drei Angreifer.
- Nach einigen Aktionen die Abwehrspieler austauschen.

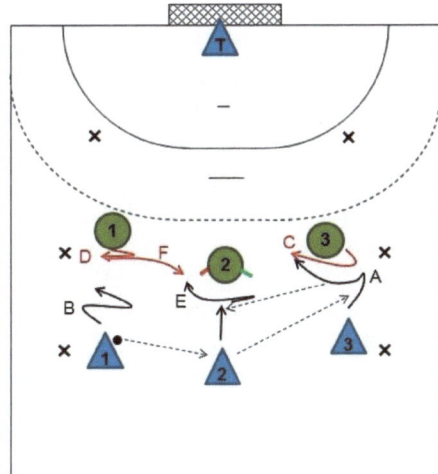

⚠️ Die Spieler sollen ein Gefühl für das Timing in der Hilfeaktion bekommen, so dass sie den Durchbruch und möglichst auch ein Weiterspielen verhindern können.

⚠️ Jeder Spieler sollte mindestens einmal auf einer äußeren Abwehrposition gespielt haben.

Nr.: 1-8	Abwehr / Team	10	90

Ablauf:

- Zwei Mannschaften spielen im 5gegen5 gegeneinander.
- Die abwehrende Mannschaft deckt eine Manndeckung ab der Auswechselmarke.
- Dabei lassen sich die Abwehrspieler jedoch immer mindestens auf Ballhöhe zurückfallen, sodass sie Ball und Gegenspieler gleichzeitig im Auge haben.
- Läuft der eigene Gegenspieler näher in Richtung Tor (A), wird er begleitet (B).
- Schafft ein Spieler den Durchbruch mit Ball, helfen die benachbarten Spieler gegen den Durchbruch (C).

Gesamtablauf:

- Die angreifende Mannschaft spielt 10 Angriffe, dann ist Aufgabenwechsel.
- Ein Tor gibt einen Punkt für den Angriff, wird der Ball herausgefangen oder begeht der Angriff einen technischen Fehler, wird ein Punkt abgezogen. Ein Fehlwurf bringt keine Punkte.
- Welche Mannschaft hat am Ende mehr Punkte?

Notizen:

TE 2	Spiel in die Tiefe gegen offensive Abwehr durch Doppelpässe (Give & Go)		☆	90

Startblock		Hauptblock		
X	Einlaufen/Dehnen	X	Angriff / individuell	Sprungkraft
	Laufübung	X	Angriff / Kleingruppe	Sprintwettkampf
X	Kleines Spiel	X	Angriff / Team	Torhüter
	Koordination		Angriff / Wurfserie	
	Laufkoordination		Abwehr /Individuell	**Schlussblock**
	Kräftigung		Abwehr / Kleingruppe	Abschlussspiel
X	Ballgewöhnung		Abwehr / Team	Abschlusssprint
X	Torhüter einwerfen		Athletiktraining	
			Ausdauertraining	

Legende:

✖ Hütchen

🔺1 Angreifer

🟢1 Abwehrspieler

Ballkiste

dünne Turnmatte

Pommes (Schaumstoffbalken)

Frisbee / Softball / Catchball

⭕ Turnreifen

Benötigt:
➔ 8 Pommes (Schaumstoff-balken), 1 dünne Turnmatte, 4 Hütchen, 4 Turnreifen, 2 Ballkisten mit ausreichend Handbällen, Frisbee, Softball, Catchball

Beschreibung:

Das Ziel der Trainingseinheit ist die Einführung des Doppelpasses mit dem Kreisläufer als Angriffsmittel gegen eine offensive 1:5-Abwehr oder offene Manndeckung. Nach der Erwärmung und einem kleinen Spiel wird in der Ballgewöhnung und im Torhüter einwerfen der Doppelpass eingeführt. Im Anschluss wird das auf den Pass folgende Freilaufen trainiert und dann in verschiedenen Varianten in der Kleingruppe im 2gegen2, 3gegen3 bis hin zum Abschluss im 4gegen4 angewendet.

Insgesamt besteht die Trainingseinheit aus folgenden Schwerpunkten

- Einlaufen/Dehnen (Einzelübung: 10 Minuten / Trainingsgesamtzeit: 10 Minuten)
- kleines Spiel (15/25)
- Ballgewöhnung (15/35)
- Torhüter einwerfen (10/45)
- Angriff/individuell (10/55)
- Angriff /Kleingruppe (15/70)
- Angriff /Kleingruppe (10/80)
- Angriff /Team (10/90)

Gesamtzeit der Trainingseinheit: 90 Minuten

Nr.: 2-1	Einlaufen/Dehnen	10	10

Aufbau:

- Die Spieler in 3er- oder 4er-Gruppen einteilen.
- Innerhalb jeder Gruppe werden die Spieler durchnummeriert (hier: 1-2-3).
- Jede Gruppe bekommt ein Spielgerät (Frisbee, Catchball, Softball, Handball).
- ⓣ hat mindestens ein weiteres Spielgerät.

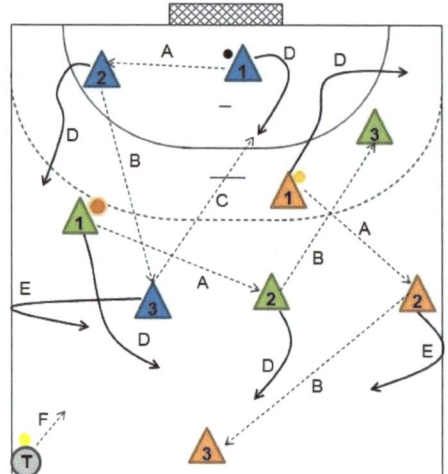

Ablauf:

- Die Spieler laufen durcheinander und passen sich dabei das jeweilige Spielgerät innerhalb der Gruppe entsprechend der vorgegebenen Reihenfolge (🔺1 zu 🔺2 (A), 🔺2 zu 🔺3 (B) und 🔺3 zu 🔺1 (C)).
- Nach jedem Pass laufen die Spieler auf eine neue Position (D).

⚠ Es können zusätzliche Aufgaben nach den Pässen durchgeführt werden, z. Bsp. Berühren einer Seitenlinie mit dem Fuß (E), einmal mit beiden Händen auf den Boden klatschen o.ä.

- Auf Pfiff von ⓣ legt der Ballhalter jeder Gruppe das Spielgerät auf den Boden. Die Spieler, die als nächstes den Ball bekommen hätten, holen sich eines der liegenden Geräte und der Ablauf wiederholt sich mit den neuen Spielgeräten.

⚠ Damit jede Mannschaft ein neues Spielgerät bekommt, bringt ⓣ ein zusätzliches Gerät ins Spiel ein (F) und nimmt das übrig gebliebene während der nächsten Passrunde auf.

Nr.: 2-2	kleines Spiel	15	25

Aufbau:

- Drei Mannschaften mit je 3-4 Spielern bilden.
- Mit Hütchen gegenüberliegende Ziellinien definieren.
- Verschiedene Spielgeräte (Catchball, Softball, Frisbee, Handball) bereithalten.

Gesamtablauf:

- Zwei Mannschaften spielen gegeneinander im durch die Hütchen markierten Feld mit einem Spielgerät.
- Die dritte Mannschaft absolviert eine Passfolge.
- Nach fünf Minuten wird eine Mannschaft ausgetauscht, so dass am Ende jede Mannschaft zweimal gespielt und einmal die Passfolge absolviert hat.

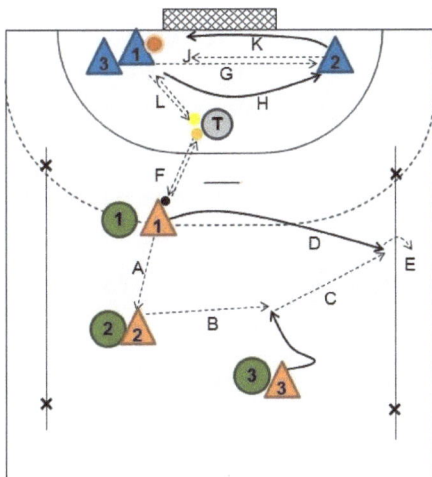

Ablauf Spiel:

- Die Mannschaft in Besitz des Spielgerätes versucht durch geschickte Pässe (A und B) und sofortiges Freilaufen (D), einen Spieler anzuspielen (C), sodass er das Spielgerät hinter der Ziellinie des Gegners abgelegen kann (E). Das ergibt einen Punkt.
- Die andere Mannschaft sichert das Spielgerät und versucht dann ihrerseits, einen Punkt an der anderen Linie zu erzielen.
- Pfeift (T), passt der ballhaltende Spieler sofort zu (T) und dieser spielt ein neues Spielgerät zurück (F). Mit diesem wird sofort weitergespielt.
- Welche Mannschaft erzielt mehr Punkte?

⚠ Prellen ist grundsätzlich erlaubt, allerdings darf das Spielgerät nicht nach einem Prellen an der Linie abgelegt werden, vor der Ablage muss immer ein Pass erfolgen.

Ablauf Passfolge:

- Die Spieler stellen sich mit Abstand 2-3 Metern gegenüber auf (s. Bild). Auf der Seite mit zwei Spielern hat der vorderste Spieler ein beliebiges Spielgerät (bei vier Spielern stehen auf beiden Seiten zwei Spieler).

- ▲1 passt zu ▲2 (G) und läuft dann dem Pass hinterher auf die andere Seite (H).

- Dann passt ▲2 zu ▲3 (J) und läuft ebenfalls auf die andere Seite (K).

- ▲3 passt dann wieder zu ▲1 usw.

- Pfeift (T), tauscht der Ballhalter das Spielgerät durch ein neues, von (T) bereitgestelltes Gerät aus (L), nachdem (T) zuerst das Gerät im Spielfeld ausgetauscht hat (F).

Nr.: 2-3	Ballgewöhnung	10	35

Aufbau:

- An der Mittellinie acht Schaumstoffbalken (Pommes) parallel in einer Reihe auslegen.
- Davor eine dünne Turnmatte auslegen.
- Davor auf der linken und rechten Seite je zwei Reifen und ein Hütchen auslegen wie im Bild zu sehen. Im Reifen nahe der Mittellinie liegt jeweils ein Handball.

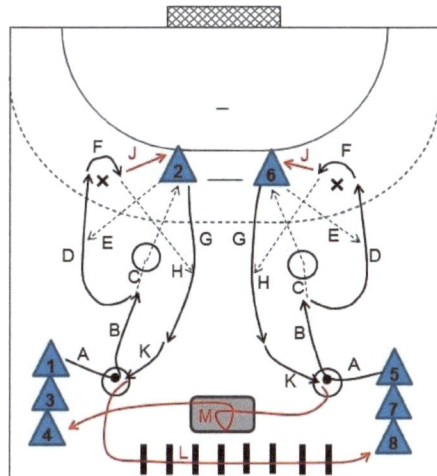

Ablauf:

- 1 startet ohne Ball und nimmt den Ball aus dem Reifen (A), prellt etwas nach vorne (B) und passt (C) im Bodenpass durch den zweiten Reifen zu 2.
- Sofort nach dem Pass umläuft 1 den Reifen (D) nach außen und bekommt den Rückpass von 2 (E).
- 1 umprellt das Hütchen (F) und passt dann wieder zu 2 (H), der sofort nach dem Rückpass (E) in Richtung Mittellinie gestartet ist (H).
- 2 legt den Ball im Reifen ab (K), während 1 die Startposition von 2 einnimmt (J).
- Wenn der Ball im Reifen liegt, startet 3 den nächsten Durchlauf.
- Auf der rechten Seite absolvieren 5, 6 und 7 den gleichen Ablauf.
- Nach der Ballablage (K), läuft 2 nach Vorgabe (L) durch die Schaumstoffbalken (s. unten) und stellt sich auf der anderen Seite wieder an.
- 6 läuft nach der Ballablage auf der rechten Seite zur Turnmatte, absolviert die vorgegebene Aufgabe (M) und stellt sich auf der linken Seite an.

Vorgaben für Matte und Schaumstoffbalken:
- Durchlaufen der Schaumstoffbalken mit zwei Kontakten je Zwischenraum und Hampelmannbewegung mit den Armen / Rolle vorwärts auf der Matte.
- Durchlaufen der Schaumstoffbalken im Sidestep mit zwei Kontakten je Zwischenraum / Zwei Strecksprünge auf der Matte.
- Durchlaufen der Schaumstoffbalken mit einem Kontakt je Zwischenraum / Rückwärtsrolle auf der Matte.

Nr.: 2-4	Torhüter einwerfen	10	45

Aufbau:
- Drei Hütchen am 6-Meterkreis für die Laufwege des Kreisläufers aufstellen (s. Bild).
- Auf jeder Seite hält ein Spieler einen Turnreifen senkrecht in der Hand.
- Ballkisten bereitstellen (s. Bild).

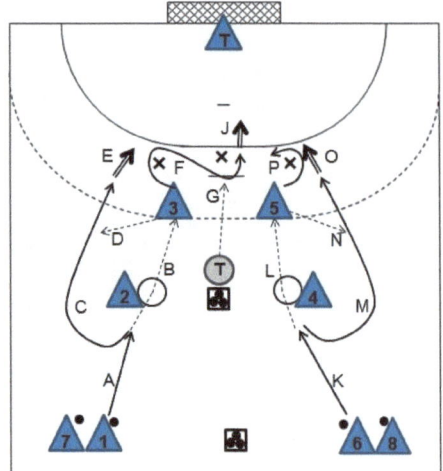

Ablauf:
- ▲1 startet mit Ball (A) und passt durch den von ▲2 senkrecht gehaltenen Reifen zu ▲3 (B).
- Sofort nach dem Pass, umläuft ▲1 ▲2 (C) und bekommt den Rückpass (D).
- ▲1 wirft nach Vorgabe (Hände, hoch, tief) nach links (E).
- Sofort nach dem Rückpass (D), umläuft ▲3 das linke Hütchen (F), dreht um, bekommt einen zweiten Ball von Ⓣ (G), umläuft das mittlere Hütchen und wirft nach Vorgabe nach rechts (J).
- Dann startet der Ablauf auf der anderen Seite mit den Würfen von ▲6 und ▲5 (K bis P).
- ▲1 nimmt die Position von ▲3 ein, ▲3 stellt sich im Rückraum hinter ▲7 an.

⚠ ▲2 und ▲4 nach jedem Wurfdurchgang auswechseln.

Nr.: 2-5	Angriff / individuell	10	55

Aufbau:
- Mit Schaumstoffbalken zwei Korridore markieren (s. Bild).

Ablauf:

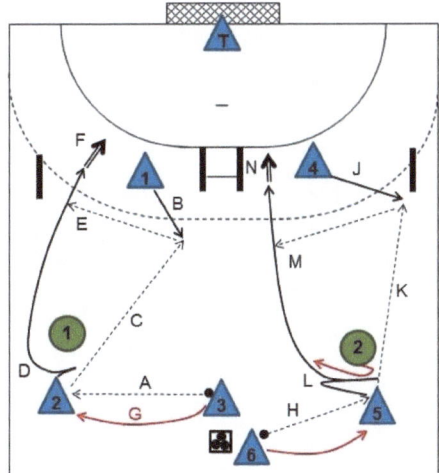

- **3** passt zum Auftakt zu **2** (A).
- **1** bietet sich für einen Pass an (B), er darf dabei selbst wählen, ob er sich schräg zur Mitte (B) oder schräg nach außen anbietet.
- **2** passt zu **1** (C), umläuft **1** (D), bekommt den Rückpass (E) und schließt mit Wurf ab (F).
- Dann startet **6** den Ablauf von der anderen Seite (H bis N).
- **3** wechselt nach seinem Auftaktpass in den linken Rückraum, **2** wird zum nächsten Kreisläufer und **1** wird zum Anspieler auf der Mitte.

⚠ Die Abwehrspieler bleiben in den ersten Durchgängen stehen, werden dann im Lauf der Übung aktiver (zunächst einschränken durch Leibchen unter den Armen, dann ganz freie Abwehr).

Nr.: 2-6	Angriff / Kleingruppe	15	70

Aufbau:
- Mit Schaumstoffbalken zwei Korridore markieren (s. Bild).

Ablauf 1 (Bild 1):

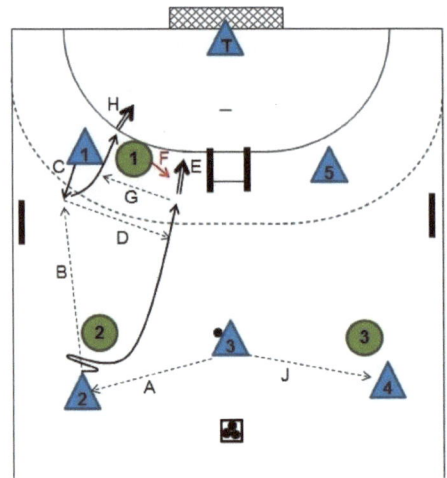

Bild 1

- 3 passt zum Auftakt zu 2 (A).

- 1 versucht, sich für einen Pass (B) anzubieten (C).

- Gelingt dies nicht, kann 2 weitere Doppelpässe mit 3 spielen.

- Sobald ein Pass zu 1 möglich ist (B), wird frei im 2gegen2 weitergespielt.

- 1 kann sich direkt durchsetzen oder 2 läuft sich frei und bekommt den Rückpass (D).

- 2 kann sich dann selbst durchsetzen (E) oder wieder mit 1 zusammenspielen (G und H), falls 1 aushilft (F).

- Nach dem Abschluss startet 3 den Ablauf von der anderen Seite mit einem Auftaktpass zu 4, 1 wechselt die Abwehrseite.

⚠ Es muss immer zunächst der Pass in die Tiefe zu 1 erfolgen, bevor frei im 2gegen2 gespielt wird. 1 soll sich durch Lauftäuschungen und schnelle Antritte für einen Pass anbieten.

Ablauf 2 (Bild 2):

- Der Ablauf aus Ablauf 1 darf weiterhin gespielt werden.
- Als zusätzliche Variante kommt jetzt hinzu, dass auch **3** nach Doppelpass mit **2** (K) einen Pass zu **1** spielen kann (L).
- **2** muss das Spiel aufmerksam beobachten, um sich im richtigen Moment für das Zusammenspiel mit **1** freizulaufen (M).
- Nach einem Pass von **1** (N), kann **2** wieder selbst Richtung Tor ziehen (O) oder erneut mit **1** zusammenspielen (Q und R), falls **1** die Lücke schließt (P).

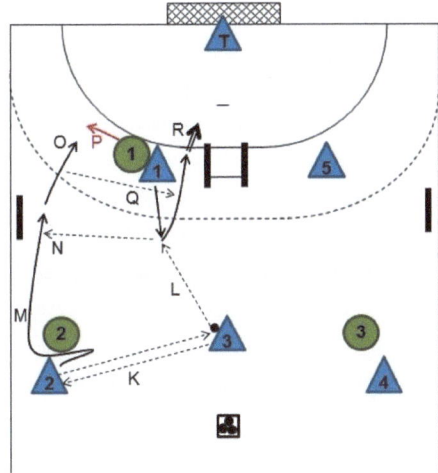

Bild 2

⚠ Anspieler in der Mitte und Abwehrspieler regelmäßig wechseln.

Nr.: 2-7	Angriff / Kleingruppe	10	80

Aufbau:

- Mit Schaumstoffbalken einen Spielkorridor markieren (s. Bild).

Ablauf:

- ▲1, ▲2 und ▲3 spielen im 3gegen3 gegen ●1, ●2 und ●3. ▲4 und ▲5 dienen als Anspieler (A).

- Die Rückraumspieler versuchen, nach Erhalt eines Passes (B), ▲1 anzuspielen (C), der sich für einen Pass anbietet.

- Im Anschluss kann sowohl der Passgeber (▲3 (D)), als auch der andere Spieler (▲2 (G)) versuchen, sich für den nächsten Pass anzubieten (E).

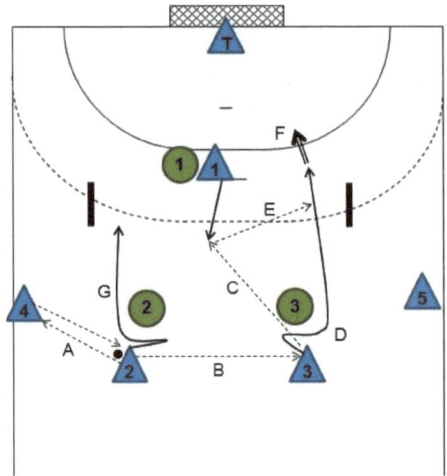

⚠ Die Rückraumspieler müssen auch aufeinander achten, so dass sie sich nicht gegenseitig die Räume versperren.

- Es wird frei im 3gegen3 weitergespielt, bis zum Torabschluss (F).
- Dann spielen die beiden Anspieler im Rückraum, ▲2 und ▲3 sind im nächsten Angriff die Anspieler.

⚠ Im weiteren Verlauf können auch Pässe der Anspieler zum Kreisläufer zugelassen werden.

⚠ Die Abwehrspieler regelmäßig wechseln.

Nr.: 2-8	Angriff / Team	10	90

Aufbau:
- Mit Schaumstoffbalken den Spielkorridor markieren (s. Bild).

Ablauf:
- Es werden zwei Mannschaften gebildet, die im 4gegen4 gegeneinander spielen (sind mehr Spieler im Training, kann mit Anspielern und Auswechseln gearbeitet werden).
- Das in den vorherigen Übungen Trainierte soll angewendet werden, es darf erst zum Torabschluss kommen, wenn mindestens ein

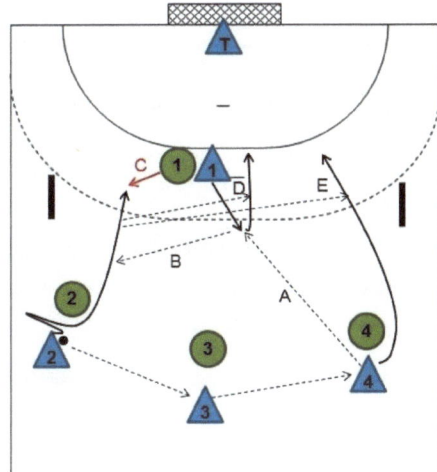

  Pass in die Tiefe zu 🔺 erfolgt ist (A).
- Im Abschluss kann sich jeder Rückraumspieler an seinem Abwehrspieler vorbei freilaufen und je nach Bewegung von ⚫ (C) entweder mit 🔺 zusammen weiterspielen (B und D) oder auch parallel spielen (E).
- Nach 10 Angriffen wechseln Angriff und Abwehr die Aufgaben.
- Welche Mannschaft erzielt mehr Tore?

Notizen:

_____
_____
_____
_____
_____

TE 3	1gegen1, 2gegen2 und 3gegen3 mit Passentscheidungen bei Hilfeaktionen der Abwehrspieler	☆	90

Startblock		Hauptblock			
X	Einlaufen/Dehnen	X	Angriff / individuell		Sprungkraft
	Laufübung	X	Angriff / Kleingruppe		Sprintwettkampf
X	Kleines Spiel		Angriff / Team		Torhüter
	Koordination		Angriff / Wurfserie		
	Laufkoordination		Abwehr /Individuell		**Schlussblock**
	Kräftigung		Abwehr / Kleingruppe		Abschlussspiel
X	Ballgewöhnung		Abwehr / Team		Abschlusssprint
X	Torhüter einwerfen		Athletiktraining		
			Ausdauertraining		

Legende:

✖ Hütchen

🔺1 Angreifer

🟢1 Abwehrspieler

Ballkiste

kleine Turnkiste

⌐ Fahnenstange

Benötigt:
→ 6 kleine Turnkisten,
16 Hütchen in zwei Farben,
4 Fahnenstangen,
2 Ballkisten mit ausreichend Bällen

Beschreibung:
Beim Wechsel von der reinen Manndeckung zur Manndeckung mit Hilfeaktionen und später zur 1:5-Abwehr, gilt es für den Angriff, in kleineren Räumen im 1gegen1 erfolgreich zu sein und rechtzeitig den besser postierten bzw. freistehenden Mitspieler zu erkennen und entsprechend die Passentscheidung zu treffen. Die vorliegende Trainingseinheit übt, nach der Erwärmung mit einem kleinen Spiel und einer koordinativen Ballgewöhnung, 1gegen1-Aktionen mit und ohne Ball. Nach einer kombinierten 1gegen1 und 2gegen2-Übung, wird die Passentscheidung bei der Hilfeaktion der Abwehr trainiert, zunächst im 1gegen1, dann im Spiel 2gegen2. Ein Abschlussspiel im 3gegen3 festigt das Geübte und hilft, es im Spiel anzuwenden.

Insgesamt besteht die Trainingseinheit aus folgenden Schwerpunkten
- Einlaufen/Dehnen (Einzelübung: 10 Minuten / Trainingsgesamtzeit: 10 Minuten)
- Kleines Spiel (10/20)
- Ballgewöhnung (10/30)
- Torhüter einwerfen (10/40)
- Angriff/individuell / Kleingruppe (15/55)
- Angriff/individuell (10/65)
- Angriff/Kleingruppe (10/75)
- Angriff/Kleingruppe (15/90)

Gesamtzeit der Trainingseinheit: 90 Minuten

Nr.: 3-1	Einlaufen/Dehnen	10	10

Aufbau:

- Hütchen in verschiedenen Farben (hier rot und schwarz) rund um das Feld verteilen.
- Die Spieler bilden 2er-Gruppen.

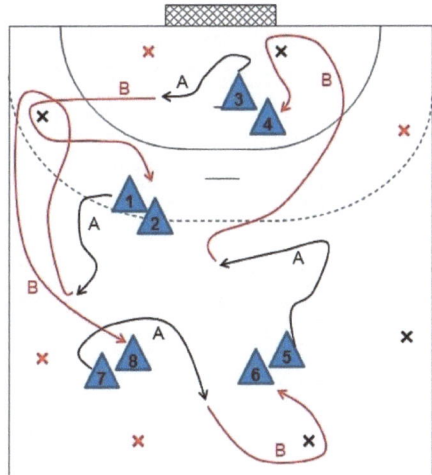

Ablauf:

- Bei jeder 2er-Gruppe läuft der vordere Spieler im Feld und führt verschiedene Laufvarianten (vorwärts, rückwärts, Sidestep, Hopserlauf, Kniehebelauf, o. ä.) mit verschiedenen Armbewegungen (Armkreisen, Hampelmannbewegung, Klatschen...) durch (A).
- Der zweite Spieler läuft dem ersten hinterher und kopiert dessen Bewegungen.
- Nach einiger Zeit ruft der Trainer ein Kommando, worauf beide Spieler in eine jeweilige Folgeaktion starten:
  - Kommando HOPP: die vorderen Spieler umlaufen schnell ein schwarzes Hütchen (B), die hinteren Spieler machen fünf Hampelmannbewegungen auf der Stelle.
  - Kommando HIPP: die vorderen Spieler umlaufen schnell ein rotes Hütchen, die hinteren Spieler machen drei Strecksprünge auf der Stelle.
- Nach dem Umlaufen der Hütchen suchen sich die bisher vorderen Spieler einen neuen Partner und kopieren in der nächsten Runde dessen Laufbewegungen.

Gemeinsam in der Gruppe Dehnen / Mobilisieren.

Nr.: 3-2	kleines Spiel		10	20

Aufbau:

- Auf jeder Seite drei kleine Turnkisten gekippt (die weiche Oberseite zum Feld hin) aufstellen, mit Hütchen die Abwurflinien markieren.
- Zwei Mannschaften bilden.

Ablauf:

- Die Mannschaft in Ballbesitz versucht, durch Laufen und Pässe (A, B und C) einen Spieler in Wurfposition zu bringen.
- Dieser Spieler wirft auf die weiche Oberseite einer kleinen Turnkiste (D). Die Mannschaft bekommt für jeden Treffer einen Punkt.
- Die Abwehr versucht, in Ballbesitz zu kommen (E) und dann ebenfalls Punkte zu erzielen.
- Ein Abwehrspieler darf immer als „Torwart" in die Wurfzone laufen und versuchen, die Würfe auf die kleinen Turnkisten abzuwehren (F).
- Welche Mannschaft erzielt mehr Tore?

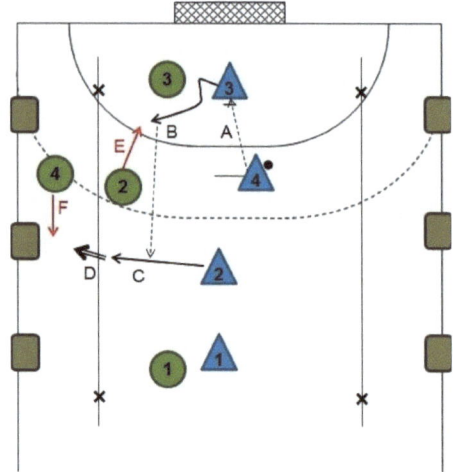

⚠ Durch den „Torwart" spielt der Angriff immer in Überzahl. Dies soll der Angriff durch geschicktes Passen ausnutzen. Eventuell ohne Prellen spielen, um das Zusammenspiel zu erzwingen.

Nr.: 3-3	Ballgewöhnung	10	30

Aufbau:

- Für jede Gruppe zwei Fahnenstangen und ein Starthütchen aufstellen (s. Bild 1).
- Auf der gegenüberliegenden Seite mit je zwei Hütchen den Abwurfbereich markieren und je eine Turnkiste als Wurfziel schräg an eine andere lehnen (s. Bild 2).
- An der Seite je einen Slalom aus fünf Hütchen aufstellen.

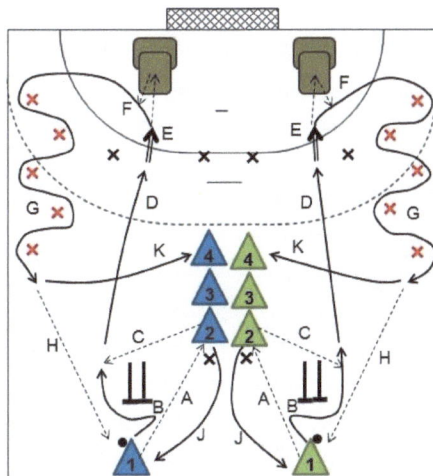
Bild1

Ablauf:

- 1 passt zu 2 (A), absolviert dann eine deutliche Lauftäuschung an den Stangen (B) und bekommt hinter den Stangen den Rückpass (C) von 2 in den Lauf.
- 1 läuft zur Abwurflinie (D), wirft an die schräge kleine Turnkiste (E) und versucht, den zurückprallenden Ball direkt zu fangen (F).

Bild 2

- Dann umprellt 1 die Hütchen an der Seite im Slalom (G) und passt nach dem letzten Hütchen zu 2 (H), der inzwischen die Startposition von 1 eingenommen hat (J).
- 2 startet den nächsten Durchgang, 1 stellt sich hinter 4 an (K).
- Der Ablauf wiederholt sich, bis jeder Spieler dreimal gelaufen ist.
- Die weiteren Gruppen führen den Ablauf parallel durch.

⚠️ Die Lauftäuschung soll deutlich und mit dem richtigen Timing durchgeführt werden.

Nr.: 3-4	Torhüter einwerfen	10	40

Aufbau:
- Vier Stangen wie im Bild aufstellen.

Ablauf:
- 1 passt zu (T) (A), macht an der ersten Stange eine deutliche Lauftäuschung nach außen (B), zieht innen vorbei und bekommt den Rückpass (C).
- An der zweiten Stange macht 1 eine Täuschung mit Ball (D), zieht auch hier wieder innen vorbei (E) und wirft nach Vorgabe (Hände, hoch, tief) nach links auf das Tor (F).
- Gleich nach dem Rückpass zu 1 (C), startet 2 mit dem Pass zu (T) (G).
  2 absolviert den Ablauf entsprechend auf der anderen Seite (H bis M) mit Wurf nach Vorgabe nach rechts.
- Die Spieler wechseln für den nächsten Durchgang die Seiten.

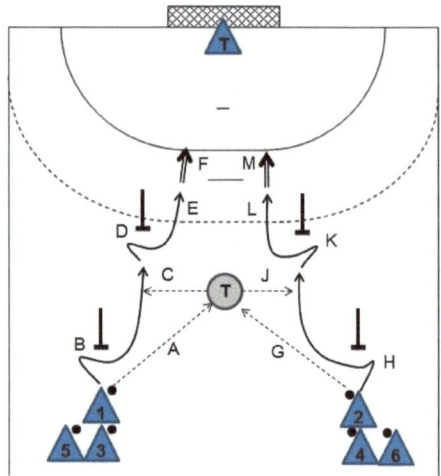

Variationen:
- Die Spieler gehen an der zweiten Stange nach außen an der Stange vorbei.
- An beiden Stangen erfolgen die Täuschungen jeweils nach innen und es wird außen an den Stangen vorbeigezogen.

⚠ Die Spieler sollen beide Täuschungen sauber ausführen.

⚠ Sollte es für den Torhüter zu lange dauern, kann eine Zwischenübung eingefügt werden, z. Bsp. Berühren eines vom zweiten Torhüter präsentierten Balls an der 4-Meterlinie zwischen den Würfen.

.Nr.: 3-5	Angriff individuell / Kleingruppe	15	55

Aufbau:

- Mit Hütchen in der Mitte einen Korridor markieren (s. Bild).

Ablauf:

- ▲1 passt zu ⊤ (A).

- Dann versucht ▲1, sich ohne Ball durch Lauftäuschungen an ●1 vorbei freizulaufen (B), ●1 verhindert den Durchbruch von ▲1 so lange wie möglich (C).

- Gelingt das Freilaufen, bekommt ▲1 den Rückpass von ⊤ in den Lauf (D) und schließt mit Wurf ab (E).

- Sofort nach dem Wurf umläuft ▲1 das hintere Hütchen (F) und spielt im Anschluss zusammen mit ▲2 (G und J) im 2gegen1 gegen ●2 (H) bis zum Torabschluss (K).

- Dann startet ▲3 denselben Ablauf wieder zunächst im 1gegen1 ohne Ball usw.

- ▲1 stellt sich hinter ▲6 an, ▲2 hinter ▲5.

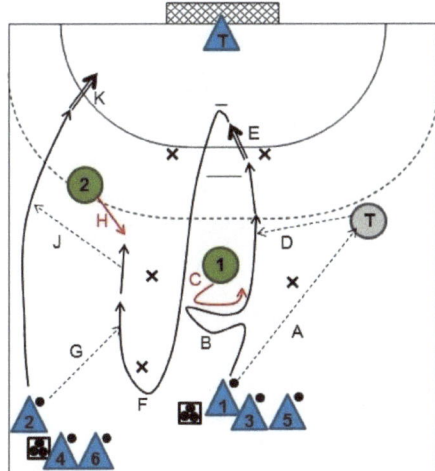

⚠ Die Abwehrspieler regelmäßig wechseln.

Nr.: 3-6	Angriff / individuell	10	65

Aufbau:

- Mit Hütchen drei Korridore markieren (s. Bild).

Ablauf:

Bild1

- passt zum Auftakt zu (A) und bekommt den Rückpass (B).

- versucht im Anschluss, im 1gegen1 mit Ball an vorbei zu gehen und in Richtung Tor zu ziehen (C).

- Die Abwehrspieler in den benachbarten Korridoren dürfen hinter den Hütchen den Korridor wechseln (D) und so einen Durchbruch von verhindern.

- Je nachdem, welcher Abwehrspieler hilft, trifft dann die Passentscheidung:

  o Hilft 2 aus (Bild 1), passt nach außen zu 2 (F), der auf der Außenposition mit läuft (E) und mit Wurf abschließt (G).

  o Hilft 3 (Bild 2), passt zu 3 (F), der im mittleren Korridor mitläuft (E) und mit Wurf abschließt (G).

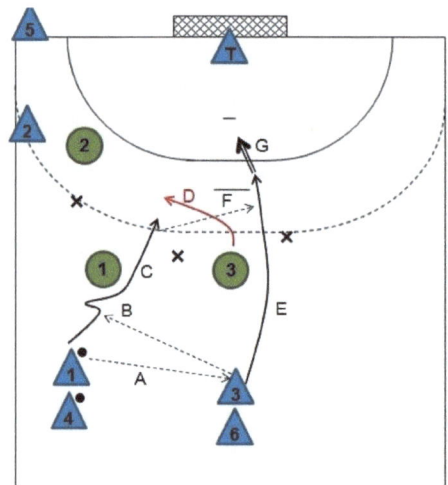

Bild2

- Dann startet 4 die nächste Aktion mit seinem 1gegen1 gegen 1 .

- 1 , 2 und 3 stellen sich wieder an, wobei sie ihre Positionen wechseln (jeder Spieler soll 1gegen1 spielen und die Passentscheidung treffen).

⚠️ Die Abwehrspieler regelmäßig wechseln.

⚠️ Eventuell die Abwehrspieler im 1gegen1 (1) einschränken durch Leibchen unter den Armen.

Nr.: 3-7	Angriff / Kleingruppe	10	75

Aufbau:
- Mit Hütchen einen breiten und zwei schmale Korridore markieren (s. Bild).

Ablauf:

- ▲1 und ▲2 spielen im 2gegen2 gegen ●1 und ●2 (A, B und C). Dabei dürfen sie ▲3 und ▲4 als Anspieler nutzen.
- Die Abwehrspieler in den äußeren Korridoren (●3 und ●4) dürfen bei einem Durchbruch hinter den Hütchen in den mittleren Korridor wechseln (D), um den Durchbruch zu verhindern.
- Wechselt ein Abwehrspieler den Korridor (hier ●4), passt der Angreifer (▲2) zum mitstoßenden Spieler (▲4) im nächsten Korridor (E), der mit Wurf abschließt (F).
- Im nächsten Durchgang wechseln ▲1 und ▲2 in die äußeren Korridore, ▲3 und ▲4 spielen 2gegen2 im breiten Korridor.

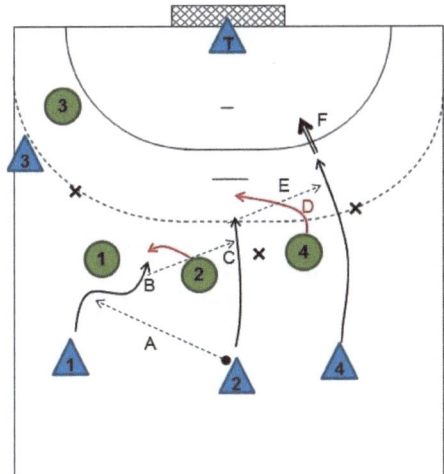

⚠ Die Abwehrspieler regelmäßig wechseln.

⚠ Die Spieler dürfen im 2gegen2 frei spielen, auch Kreuzen und Hinterlaufen sind erlaubt.

Nr.: 3-8	Angriff / Kleingruppe	15	90

Aufbau:

- Mit Hütchen einen Korridor für das Spiel im 3gegen3 abstecken.

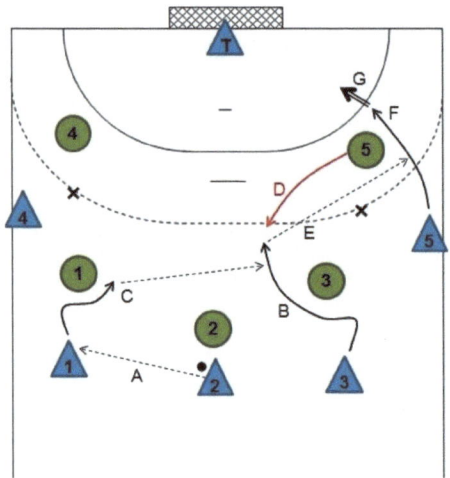

Ablauf:

- △1, △2 und △3 spielen frei im 3gegen3 gegen ●1, ●2 und ●3 (A, B und C).
- Die Abwehrspieler in den äußeren Korridoren (●4 und ●5) dürfen bei einem Durchbruch hinter den Hütchen in den mittleren Korridor wechseln (D), um den Durchbruch zu verhindern.
- Wechselt ein Abwehrspieler den Korridor (hier ●5), passt der Angreifer (△3) zum mitstoßenden (F) Spieler (△5) im nächsten Korridor (E), der mit Wurf abschließt (G).
- Im nächsten Angriff wechseln die Angreifer für den nächsten Angriff je eine Position nach links (der links außen nach rechts außen).
- Nach 10 Angriffen wechseln die Aufgaben (Angriff / Abwehr).
- Welche Mannschaft erzielt mehr Tore?

Notizen:

_____

_____

_____

_____

_____

_____

TE 4	Abwehr: Übergang zur Raumdeckung – Einführen von Übergeben und Übernehmen		☆	90

Startblock		Hauptblock		
X	Einlaufen/Dehnen		Angriff / individuell	Sprungkraft
	Laufübung		Angriff / Kleingruppe	Sprintwettkampf
X	Kleines Spiel		Angriff / Team	Torhüter
	Koordination		Angriff / Wurfserie	
	Laufkoordination		Abwehr /Individuell	**Schlussblock**
	Kräftigung	X	Abwehr / Kleingruppe	Abschlussspiel
	Ballgewöhnung	X	Abwehr / Team	X Abschlusssprint
X	Torhüter einwerfen		Athletiktraining	
			Ausdauertraining	

Legende:

✖   Hütchen

🔺1   Angreifer

🟢1   Abwehrspieler

⬛   Ballkiste

⬛   kleine Turnkiste

Benötigt:

➜ 4 kleine Turnkisten,
10 Hütchen, Ballkiste mit
ausreichend Bällen

Beschreibung:

Die vorliegende Trainingseinheit führt das Übergeben und Übernehmen in der Abwehr bei Positionswechseln der Angreifer, als einen wichtigen Baustein beim Übergang von der Manndeckung zur Raumdeckung, ein. Nach der Erwärmung und einem kleinen Spiel, werden in einem Fangspiel Absprachen in der Abwehr geübt. Eine erste Kleingruppenübung führt das Übergeben und Übernehmen ein, bevor dies, nach dem Torhüter einwerfen, vertieft und im Team erprobt wird. Ein Sprintwettkampf schließt die Trainingseinheit ab.

Insgesamt besteht die Trainingseinheit aus folgenden Schwerpunkten

- Einlaufen/Dehnen (Einzelübung: 10 Minuten / Trainingsgesamtzeit: 10 Minuten)
- Kleines Spiel (10/20)
- Kleines Spiel (10/30)
- Abwehr/Kleingruppe (15/45)
- Torhüter einwerfen (10/55)
- Abwehr/Kleingruppe (15/70)
- Abwehr/Team (15/85)
- Abschlusssprint (5/90)

Gesamtzeit der Trainingseinheit: 90 Minuten

Nr.: 4-1	Einlaufen/Dehnen	10	10

Ablauf:

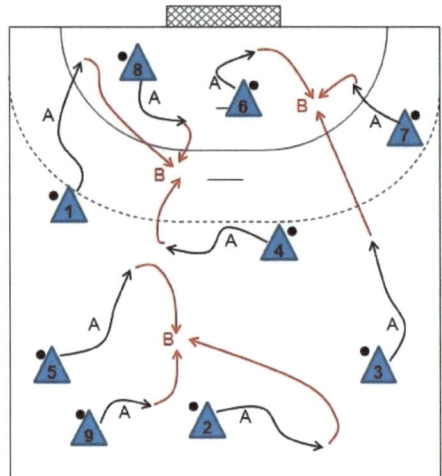

- Jeder Spieler hat einen Ball.
- Es werden verschiedene Laufbewegungen festgelegt:
  - o **ATOM 1:** Vorwärtslaufen und den Ball mit der Wurfhand prellen.
  - o **ATOM 2:** Rückwärtslaufen und den Ball mit der Nicht-Wurfhand prellen.
  - o **ATOM 3:** Prellen im Sidestep.
  - o **ATOM 4:** Hopserlauf und abwechselnd mit rechts und links prellen.
- Der Trainer ruft ein Kommando ATOM x (z. Bsp. ATOM 1) und die Spieler laufen durcheinander im Feld und führen die entsprechende Laufbewegung aus (A).
- Beim nächsten Kommando ATOM x (z. Bsp. ATOM 3) wechseln sie die Laufbewegung und laufen weiter (das Prellen soll beim Wechsel nicht unterbrochen werden).
- Ruft der Trainer das Kommando MOLEKÜL x (Bsp. Molekül 3), müssen sich die Spieler so schnell wie möglich in Gruppen der entsprechenden Größe zusammenfinden. Die Spieler legen sich auf den Bauch und führen die Bälle über den Köpfen zusammen (B).
- Die Gruppe, die sich als letztes formiert hat (oder, wenn es nicht aufgeht, übrige Spieler) machen eine Sonderaufgabe (Hampelmänner, Liegestützen).
- Dann gibt der Trainer wieder ein ATOM x-Kommando und der Ablauf beginnt von vorne.

Erweiterung:

- Wenn sich die Spieler in der genannten Gruppengröße zusammengefunden haben, können Zwischenaufgaben für die Gruppen folgen, bevor wieder der ATOM-Befehl kommt:
  - o 2er-Gruppe: Beide Bälle passen, davon einer im Bodenpass.
  - o 3er-Gruppe / 4er-Gruppe: gleichzeitig alle Bälle im Kreis passen.

Gemeinsam in der Gruppe Dehnen/Mobilisieren.

Nr.: 4-2	kleines Spiel	10	20

Aufbau:

- In zwei Zielbereichen jeweils zwei kleine Turnkisten aufstellen.
- Mit Hütchen die Zielbereiche abstecken (s. Bild).

Ablauf:

- Zwei Mannschaften spielen gegeneinander.
- Dabei versucht die Mannschaft in Ballbesitz, durch geschicktes Laufen und Passen (A und B), einen Mitspieler anzuspielen (C), der auf einer der beiden kleinen Turnkisten im Zielbereich sitzt.
- Ein Punkt ist erzielt, indem es diesem Spieler gelingt, den Ball wieder zu einem Mitspieler im Feld zu passen (D), der sich dafür im Feld freiläuft (E).
- Die Mannschaft darf nach einem Punktgewinn weiterspielen und versuchen, einen weiteren Punkt im gegenüberliegenden Zielbereich zu erreichen (F).
- Gewinnt die Abwehr den Ball, darf sie ebenfalls in beiden Zielbereichen versuchen, Punkte zu erzielen.
- Welche Mannschaft erzielt mehr Punkte?

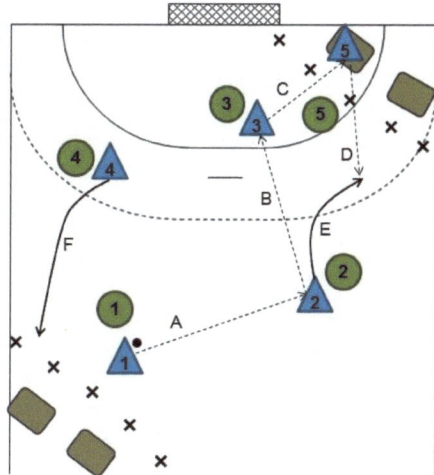

⚠ Die abwehrende Mannschaft darf den Zielbereich nicht betreten.

⚠ Die Spieler sollen schnell umschalten nach einem Punktgewinn und sofort auf die andere Seite starten.

⚠ Die abwehrende Mannschaft muss sich absprechen, wer welchen Spieler deckt, besonders, wenn die Spieler wieder aus dem Zielbereich ins Feld laufen.

Nr.: 4-3	kleines Spiel	10	30

Aufbau:
- Mit Hütchen (oder vorhandenen Linien auf dem Hallenboden) ein Feld markieren.
- Vier Abwehrspieler stellen sich im Feld auf.

Ablauf:
- Vier Angreifer starten gleichzeitig (A) und versuchen, durch das Feld über die hintere Linie zu laufen (B und C). Die Abwehrspieler versuchen, die laufenden Spieler abzuschlagen (D).
- Die Angreifer dürfen beim Durchlaufen des Feldes zusammenarbeiten, indem ein Angreifer zwei Abwehrspieler bindet (B) und so ein weiterer Angreifer durch das Feld laufen kann (C).
- Wurde ein Angreifer abgeschlagen, verlässt er das Spiel über die Seitenauslinien (E).
- Sobald ein Spieler das Feld verlassen hat (C und E), darf ein neuer Spieler starten (F).
- Angreifer, die das Feld verlassen haben, stellen sich wieder an.
- Jeder Angreifer, der über die hintere Linie läuft, ergibt einen Punkt für den Angriff, jeder abgeschlagene Angreifer einen Punkt für die Abwehr.
- Nach einigen Aktionen die Abwehrspieler wechseln, der Gewinner nach Punkten (Angriff oder Abwehr) darf eine Zusatzaufgabe (z. Bsp. ein Rad schlagen, Hampelmannbewegungen, o.ä.) für den Verlierer auswählen.

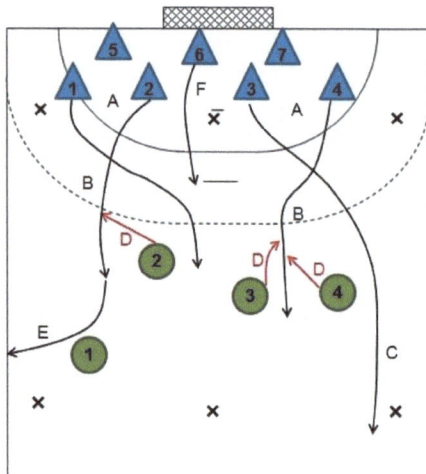

⚠ Es dürfen immer nur vier Angreifer im Feld laufen. Die Angreifer sollen aber, nachdem ein Mitspieler das Feld verlassen hat, sofort mit einem neuen Spieler starten, sodass die Abwehr maximal unter Druck gesetzt wird (durch vier aktive Gegenspieler).

⚠ Die Angreifer sollen zusammenarbeiten, kreuzen und ablenken, um so einem Mitspieler das Durchkommen zu ermöglichen.

⚠ Die Abwehrspieler sollen aktiv arbeiten und sich untereinander absprechen.

Nr.: 4-4	Abwehr / Kleingruppe	15	45

Aufbau:

- Die Spieler bilden 5er-Gruppen (weitere Spieler ergänzen den Angriff).
- Pro Gruppe wird ein Feld mit vier Hütchen begrenzt (s. Bild).

Ablauf:

- ▲1 passt als Auftakt zu ▲3 (A). Dann versuchen ▲1 und ▲2, sich im Feld freizulaufen und für einen Pass anzubieten (B).
- ●1 und ●2 versuchen, ein Anspiel zu verhindern.
- Kreuzen die Angreifer (C), sprechen sich die Abwehrspieler ab, übernimmt ▲1 (D) und ●1 orientiert sich zu ▲2 (E).
- Kann ein Pass gespielt werden (F), verhindert der Abwehrspieler einen Durchbruch und der Ball wird wieder zu ▲3 gespielt (G). ▲3 darf entlang des Feldes mitlaufen (H).
- Die Abwehrspieler begleiten weiter die Angreifer (J).
- Gelingt es dem Angriff, den Ball zu bekommen und über die hintere Linie zu laufen (K), bekommt der Angriff einen Punkt und der Ablauf startet erneut mit den nächsten Angreifern.
- Weitere Gruppen führen den Ablauf parallel durch.
- Hinterläuft ein Spieler die Abwehr (L), folgt ihm der jeweilige Abwehrspieler (M).
- Nach 10 Aktionen für die Abwehr werden die Aufgaben in der Gruppe gewechselt (neuer Anspieler, neue Abwehr).

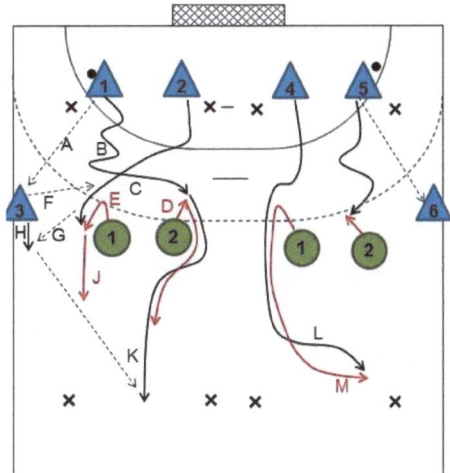

⚠ Die Abwehrspieler sollen sich absprechen, wann ein Übergeben und Übernehmen möglich ist und sich dann entsprechend zuordnen.

⚠ Die Abwehrspieler müssen, um das Übergeben und Übernehmen durchführen zu können, vorab bei der Deckung der Gegenspieler auf Höhe des Balles nach hinten sinken.

Erweiterung:

- Die Angreifer dürfen auch prellen und dabei Positionswechsel durchführen (Kreuzen mit Ball). Die Abwehrspieler sollen sich auch hier absprechen und gegebenenfalls übergeben und übernehmen.

Nr.: 4-5	Torhüter einwerfen	10	55

Aufbau:

- Hütchen zur Markierung der Startpositionen aufstellen (s. Bild).
- Jeweils einen Reserveball für die beiden letzten Spieler bereithalten.

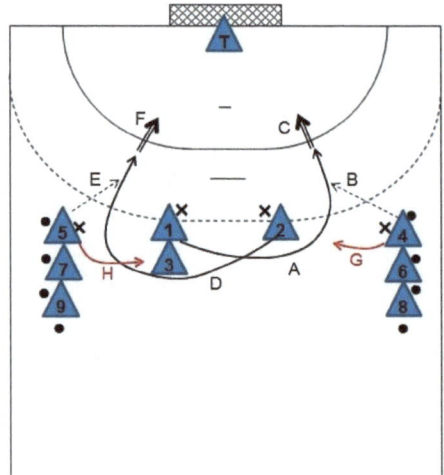

Ablauf:

- 1 startet am inneren Hütchen, umläuft 2 (A), bekommt von 4 den Ball in den Lauf gepasst (B) und wirft nach Vorgabe (Hände, hoch, tief) nach rechts auf das Tor (C).

- 3 rückt sofort auf die Position von 1 nach.

- 2 umläuft 3 (D), bekommt von 5 den Ball in den Lauf gepasst (E) und wirft nach Vorgabe nach links auf das Tor (F).

- 4 besetzt nach dem Pass die Position von 2 (G).

- Dann startet 3 wieder nach rechts und 5 rückt auf die Position nach (H).

- Usw., bis alle Spieler geworfen haben.

⚠ Die Spieler sollen den Ablauf so timen, dass für den Torhüter eine Serie entsteht.

⚠ 1 und 2 holen sich die bereitgelegten Bälle, um auch die letzten Spieler mit Bällen zu versorgen.

Nr.: 4-6	Abwehr / Kleingruppe	15	70

Aufbau:
- Mit Hütchen das Spielfeld eingrenzen (s. Bild).

Ablauf:

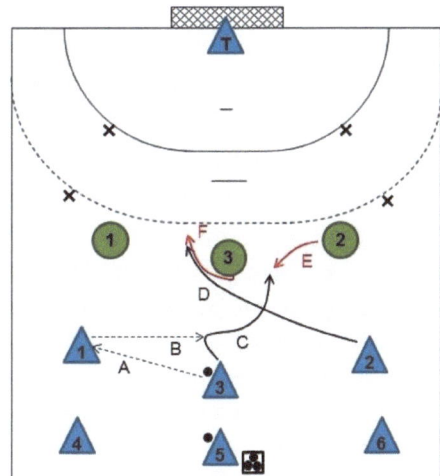

Bild 1

- 1, 2 und 3 spielen im 3gegen3 gegen drei Abwehrspieler 1, 2 und 3.
- 1, 2 und 3 decken offensiv vor der 9-Meterlinie.
- Die Angreifer sollen versuchen, die Abwehr durch Positionswechsel auszuspielen:
  - o Entweder indem ein Spieler nach Auftaktpässen (A und B) hinter dem Ballhalter (C) kreuzt (D) → Bild 1.
  - o Oder, indem zwei Spieler ohne Ball die Position tauschen (H), während der dritte Spieler den Ball hält (G) → Bild 2.
- Die Abwehrspieler sprechen sich ab und übergeben und übernehmen (E, F bzw. J und K) die Angreifer entsprechend.
- Nach Torabschluss oder Ballverlust ist die nächste 3er-Gruppe im Angriff an der Reihe.

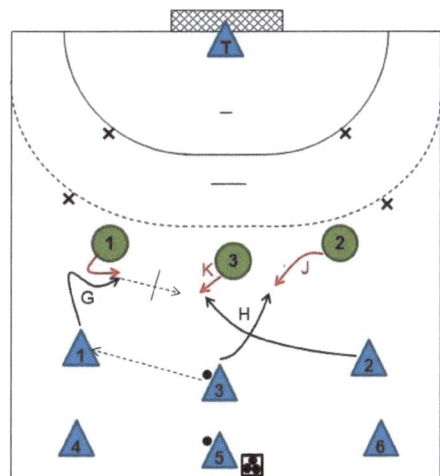

Bild 2

Gesamtablauf:
- Die 3er-Gruppe in der Abwehr spielt gegen jede Angreifergruppe fünf Abwehraktionen, dann werden die Aufgaben getauscht.
- Welche der Angreifergruppen hat die meisten Tore erzielt?

⚠ Die Abwehrspieler sollen sich absprechen, wann ein Übergeben und Übernehmen möglich ist und sich dann entsprechend zuordnen.

⚠ Die Abwehrspieler müssen, um das Übergeben und Übernehmen durchführen zu können, vorab bei der Deckung der Gegenspieler auf Höhe des Balles nach hinten sinken.

Nr.: 4-7	Abwehr / Team	15	85

Aufbau:

- Zwei Mannschaften bilden.

Ablauf:

- Die angreifende Mannschaft spielt 10 Angriffe, dabei sollen die Spieler versuchen, sich durch Positionswechsel mit (A und B) und ohne Ball freizulaufen.
- Die Abwehr deckt offensiv an der 9-Meterlinie.
- Die Abwehrspieler sollen sich absprechen, wann sie Angreifer übergeben und übernehmen müssen (C und D).
- Nach den 10 Angriffen ist Aufgabenwechsel.
- Welches Team wirft mehr Tore?

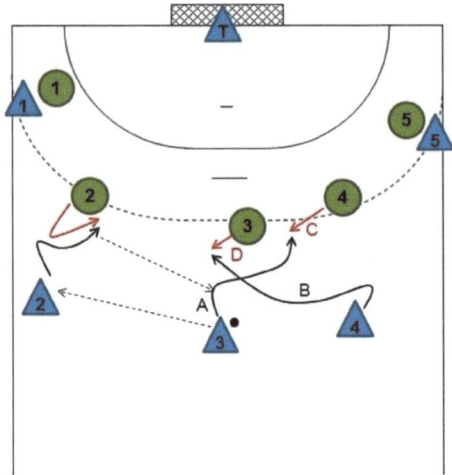

⚠ Zunächst nur Kreuzen vor der Abwehr und 1gegen1-Aktionen erlauben, im weiteren Spielverlauf eventuell erweitern auf komplett freies Spiel.

Nr.: 4-8	Abschlusssprint	5	90

Aufbau:

- Zwei Mannschaften bilden.
- Für jede Mannschaft ein Hütchentor als Start und ein einzelnes Hütchen als Wendepunkt aufstellen.

Ablauf:

- 1 und 1 starten auf Kommando gleichzeitig und umlaufen im Sprint die Wendemarke (A).
- 1 und 1 laufen zur Gruppe zurück und schlagen die nächsten Läufer ab.
- Jetzt sprinten zwei Spieler (2 und 3 / 2 und 3) gemeinsam um die Wendemarke, sie halten sich dabei an den Händen (B).
- Im nächsten Umlauf laufen drei Spieler gemeinsam, dann vier und zum Schluss laufen alle Spieler einmal gemeinsam um das Hütchen (als Kette, die Spieler halten sich an den Händen).
- Das Team, das schneller durch das Hütchentor zurück ist, hat den Durchgang gewonnen.
- Vor dem nächsten Durchgang darf die Mannschaft eine Taktik abstimmen, in welchen Kombinationen gelaufen werden soll.

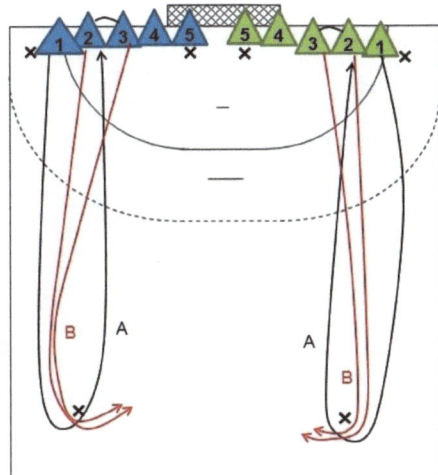

⚠ Die Mannschaften dürfen frei entscheiden, wer in welcher Kombination die Umläufe absolviert, es kann ein Spieler immer laufen, es kann auch durchgewechselt werden.

Notizen:

_____

_____

_____

_____

_____

TE 5	Abwehrverhalten in der offensiven 1:5-Abwehr gegen das Zusammenspiel von Rückraum und Kreisspieler	★	90

Startblock		Hauptblock			
X	Einlaufen/Dehnen		Angriff / individuell		Sprungkraft
	Laufübung		Angriff / Kleingruppe	X	Sprintwettkampf
	Kleines Spiel		Angriff / Team		Torhüter
	Koordination		Angriff / Wurfserie		
	Laufkoordination	X	Abwehr /Individuell		**Schlussblock**
	Kräftigung	X	Abwehr / Kleingruppe		Abschlussspiel
X	Ballgewöhnung		Abwehr / Team		Abschlusssprint
X	Torhüter einwerfen		Athletiktraining		
			Ausdauertraining		

Legende:

✖   Hütchen

△1   Angreifer

●1   Abwehrspieler

▣   Ballkiste

Benötigt:
→ 8 Hütchen in vier verschiedenen Farben, 1 Pfeife, Tape, Ballkiste mit ausreichend Bällen

Beschreibung:
Hauptziel der Trainingseinheit ist die Verbesserung des Abwehrspiels gegen das Zusammenspiel von Rückraum und Kreisläufer bei einer 1:5 Abwehrformation. Nach der Erwärmung und einem Sprintwettkampf wird in der Ballgewöhnung das Abschirmen eines Kreisläufers geübt. Im Torhüter einwerfen werden die Angriffsbewegungen im Give&Go wiederholt, bevor in zwei individuellen Abwehrübungen das Unterbinden des Kreisanspiels in vorderer und hinterer Abwehrreihe trainiert wird. Zwei Kleingruppenübungen im 2gegen2 und 3gegen3 beleuchten dann das Übergeben/Übernehmen bei Durchbruch eines Angreifers bzw. das Abwehrverhalten gegen einen versuchten Doppelpass mit dem Kreisläufer.

Insgesamt besteht die Trainingseinheit aus folgenden Schwerpunkten
- Einlaufen/Dehnen (Einzelübung: 10 Minuten / Trainingsgesamtzeit: 10 Minuten)
- Sprintwettkampf (10/20)
- Ballgewöhnung (15/35)
- Torhüter einwerfen (10/45)
- Abwehr/individuell (10/55)
- Abwehr/individuell (10/65)
- Abwehr/Kleingruppe (15/80)
- Abwehr/Kleingruppe (10/90)

Gesamtzeit der Trainingseinheit: 90 Minuten

Nr.: 5-1	Einlaufen/Dehnen	10	10

Ablauf:

- Die Spieler bilden eine lange Schlange. Der vorderste Spieler hat einen Ball in der Hand. Er gibt den Laufweg und die Laufbewegungen (vorwärts, rückwärts, Sprünge, Entenlauf) vor, die anderen Spieler laufen dem Spieler hinterher und kopieren die Laufbewegungen.
- Irgendwann pfeift der Trainer. Alle Spieler bleiben stehen (und verringern, wenn notwendig, den Abstand zum Vordermann).
- Der erste Spieler gibt den Ball über Kopf an den zweiten Spieler weiter, dieser gibt den Ball zwischen seinen Beinen hindurch an den dritten Spieler, dieser gibt den Ball wieder über Kopf weiter, der nächste gibt ihn wieder durch die Beine usw. bis der Ball beim letzten Spieler ankommt.
- Der letzte Spieler prellt an den anderen Spielern vorbei bis zum Kopf der Schlange und stellt sich mit Ball vor den vordersten Spieler.
- Dann setzt sich die Schlange wieder in Bewegung, der neue Kopf gibt den Laufweg und die Laufbewegungen vor, bis wieder ein Pfiff erfolgt und der Ball auf die beschriebene Weise zum letzten Spieler übergeben wird.

⚠ Bei großen Gruppen können zwei Schlagen gebildet werden.

Gemeinsam in der Gruppe Dehnen / Mobilisieren.

Nr.: 5-2	Sprintwettkampf	10	20

Aufbau:

- Zwei Mannschaften bilden.
- Pro Mannschaft wird ein Rechteck aus vier verschieden farbigen Hütchen aufgebaut (s. Bild).
- Mit zwei weiteren Hütchen die Startposition der zweiten Spieler markieren.

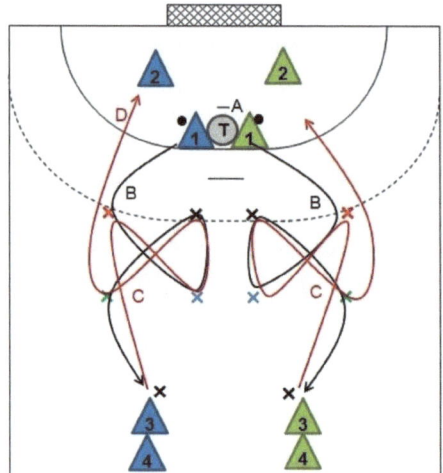

Ablauf:

- ▲1 und ▲1 starten bei Ⓣ.

- Ⓣ nennt ihnen die vier Hütchenfarben in einer bestimmten Reihenfolge (z. Bsp.: rot – blau – schwarz – grün).

- Nach einem Startkommando von Ⓣ laufen ▲1 und ▲1 prellend los und berühren die Hütchen in der von Ⓣ vorgegeben Reihenfolge (B), ohne das Prellen zu unterbrechen.

- Auf der anderen Seite übergeben Sie den Ball an ▲3 bzw. ▲3. ▲3 und ▲3 laufen dann prellend von der anderen Seite zu den Hütchen und berühren die Hütchen in der gleichen Reihenfolge wie ▲1 und ▲1 zuvor (C).

- ▲3 und ▲3 laufen in den 6-Meterraum (D). Wer zuerst dort ankommt, gewinnt einen Punkt für die Mannschaft, sofern die richtigen Hütchen berührt wurden.

- Dann stellen sich ▲2 und ▲2 zu Ⓣ, bekommen die nächste Farbabfolge genannt und der Ablauf wiederholt sich. Welche Mannschaft erzielt die meisten Punkte nach mehreren Abläufen?

⚠️ ▲3 und ▲3 müssen die Laufwege von ▲1 und ▲1 aufmerksam beobachten und sich den Laufweg für den eigenen Durchgang einprägen.

Nr.: 5-3	Ballgewöhnung	15	35

Aufbau:

- Einen Kreis auf dem Hallenboden markieren oder einen vorhandenen Kreis nutzen.
- Mit Tape im Inneren einen kleinen Kreis oder ein Quadrat für die Position des Kreisläufers markieren.
- Mit Hütchen einen zweiten Kreis außerhalb markieren (s. Bild).

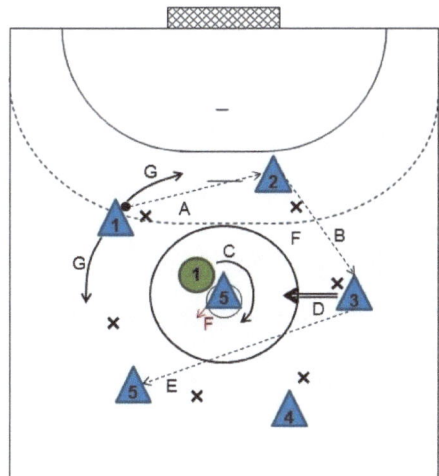

Ablauf:

- Ein Spieler startet als Kreisläufer im Kreis, ein weiterer als Abwehrspieler dagegen.
- Die anderen Spieler positionieren sich um den äußeren Kreis.
- Die Spieler außerhalb des Kreises passen sich den Ball zu (A und B).
- 1 positioniert sich immer so zwischen Kreisläufer und Ballhalter (C), dass ein Pass zu 5 (D) nicht möglich ist.
- Nach einigen Passversuchen werden die Abwehrspieler gewechselt, jeder Spieler soll mindestens einmal in der Abwehr gearbeitet haben.
- Die Schwierigkeit für den Abwehrspieler wird nach und nach erhöht:
  - Zunächst sind nur Pässe von Position zu Position (A und B) und auch Rückpässe erlaubt.
  - Im zweiten Schritt dürfen auch Positionen übersprungen werden (E). Der Abwehrspieler muss auf diese Tempowechsel reagieren.
  - Der Kreisläufer steht zunächst mit beiden Beinen im markierten inneren Kreis. Nach und nach darf der Kreisläufer sich in einem erweiterten Radius bewegen und mit einem Bein den inneren Kreis verlassen (F). Ein Bein muss jedoch immer im Kreis stehen. Der Abwehrspieler muss sich in dieser Variante viel mehr bewegen, um den Kreisläufer abzuschirmen und auch auf dessen Bewegungen zu reagieren.
  - In der letzten Varianten dürfen sich die Angreifer entlang des äußeren Kreises bewegen (G).

⚠ Schafft 1 es nicht, 5 komplett abzuschirmen, soll er zumindest versuchen, den Ball vor 5 zu erreichen.

⚠ Bei vielen Spielern im Training kann auch in zwei Gruppen mit vier oder fünf Spielern um den äußeren Kreis gearbeitet werden.

| Nr.: 5-4 | Torhüter einwerfen | 10 | 45 |

Aufbau:
- Hütchen in drei Farben wie im Bild dargestellt aufstellen.

Ablauf 1 (Bild 1):
- 🔺1 startet mit Ball in Richtung des schwarzen Hütchens (A) und passt den Ball zu Ⓣ (B).
- Dann bricht 🔺1 nach links ab, umrundet das rote Hütchen (C), bekommt den Ball zurück in den Lauf (D) und wirft nach links auf die Hände des Torhüters (E).
- Dann startet 🔺2 zum schwarzen Hütchen (F), passt zu Ⓣ (G), umläuft nach rechts das rote Hütchen (H), bekommt den Rückpass (J) und wirft nach rechts auf die Hände des Torhüters (K).
- Der Ablauf wiederholt sich noch zweimal mit hohen Würfen.

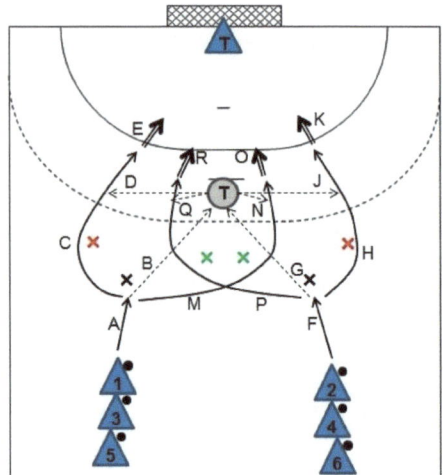

Bild1

Ablauf 2 (Bild 1):
- 🔺1 startet mit Ball in Richtung des schwarzen Hütchens (A) und passt den Ball zu Ⓣ (B).
- Dann bricht 🔺1 nach rechts zur Mitte ab, umrundet die beiden grünen Hütchen (M), bekommt den Ball zurück in den Lauf (N) und wirft tief nach rechts unten (O).
- Dann startet 🔺2 zum schwarzen Hütchen (F), passt zu Ⓣ (G), umläuft nach links zur Mitte die beiden grünen Hütchen (P), bekommt den Rückpass (Q) und wirft tief nach links unten (R).
- Es folgt ein weiterer Durchgang mit diagonalen tiefen Würfen.

Ablauf 3 (Bild 2):

- ▲1 startet mit Ball in Richtung des schwarzen Hütchens (A) und passt den Ball zu Ⓣ (B).

- Beim Pass ruft Ⓣ eine Hütchenfarbe („rot" oder „grün). Im Beispiel ruft Ⓣ „rot" (C).

- ▲1 umläuft nach links das rote Hütchen (D), bekommt den Rückpass (E) und wirft frei auf das Tor (F).

- Dann startet ▲2 zum schwarzen Hütchen (G) und passt zu Ⓣ (H).

Bild2

- Beim Pass ruft Ⓣ eine Hütchenfarbe („rot" oder „grün). Im Beispiel ruft Ⓣ „grün" (J).

- ▲2 umläuft nach links zur Mitte die beiden grünen Hütchen (K), bekommt den Rückpass (M) und wirft frei auf das Tor (N).

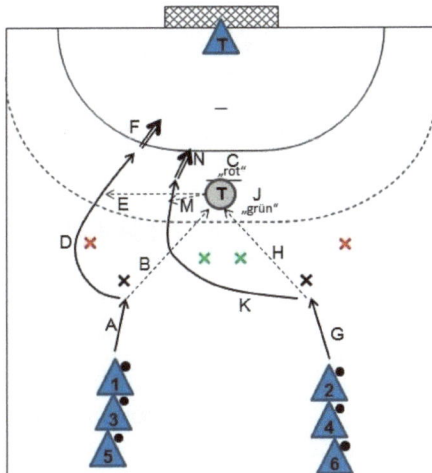

Nr.: 5-5	Abwehr / individuell	10	55

Aufbau:
- Mit vier Hütchen den Bewegungsraum für den Kreisläufer markieren.
- Ein weiteres Hütchen in Richtung der Mittellinie für den Laufweg in der zweiten Aktion aufstellen.

Ablauf:
- Auf Pfiff von (T) startet der Ablauf und (2) und (3) spielen sich fortlaufend einen Ball zu (A).
- Jeder der beiden Spieler versucht dabei nach Erhalt des Balles, den Kreisläufer ((1)) anzuspielen (D).
- (1) darf sich am Kreis frei bewegen und sich für einen Pass anbieten (B). Er muss dabei auch nicht auf der Linie bleiben, sondern darf sich innerhalb des abgesteckten Feldes auch in den Raum anbieten.
- (1) versucht so lange wie möglich, einen Pass zu (1) zu verhindern (C).
- Gelingt ein Pass zu (1) (D), versucht (1), sich zu drehen und auf das Tor zu werfen (E).
- Beim Wurf von (1), oder wenn (T) nach Ablauf von einiger Zeit (20-40 Sekunden) erneut pfeift, startet (1) um das hintere Hütchen (F), umläuft dieses und startet danach in Richtung Tor.
- (1) bekommt einen zweiten Ball von (T) (G) und wirft aus dem vollen Lauf (H).
- (1) wird der neue Abwehrspieler, (2) wird der neue Kreisläufer und (4) rückt nach (im nächsten Durchgang wird (3) zum Kreisläufer und (5) rückt nach).

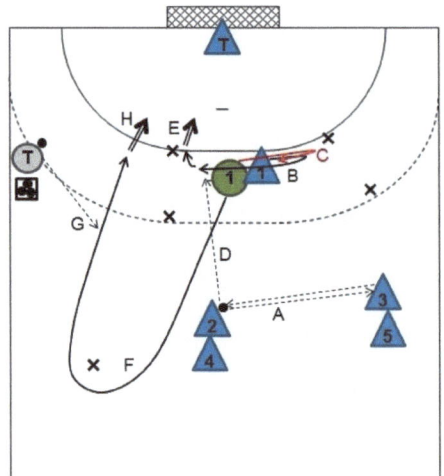

⚠ Das Ziel des Abwehrspielers ist es, einen Pass an den Kreis zu verhindern, bis (T) erneut pfeift.

⚠ Der Abwehrspieler soll sofort in die zweite Aktion starten, wenn der Kreisläufer zum Wurf kommt oder wenn (T) zum zweiten Mal pfeift.

Nr.: 5-6	Abwehr / individuell	10	65

Aufbau:

- Drei Hütchen am Kreis für die Position des Kreisläufers aufstellen (s. Bild).

Ablauf:

- Ein Kreisläufer (4) startet an einem der Hütchen.
- Die anderen Spieler bilden 3er-Gruppen.
- 1, 2 und 3 passen einen Ball im Rückraum (A und D).
- Jeder der drei Spieler versucht, nach Erhalt des Balles, 4 auf der Kreisposition anzuspielen.
- Die Abwehrspieler treten deutlich auf die Angreifer heraus (B und E), üben Druck aus und versuchen, den Pass an den Kreis zu verhindern bzw. zu blocken.
- Nach Ballabgabe sinken die Abwehrspieler etwas zurück (C und F).
- Wird durch einen erfolgreichen Block ein Ball deutlich verlangsamt (G), versuchen die Mitspieler in der Abwehr, diesen Ball abzufangen (H).
- 4 darf bei jedem Pass zwischen den Angreifern seine Position am Kreis wechseln (J).
- Nach einem Passversuch oder einem erfolgreichen Pass zum Kreis, wechseln die Angreifer direkt in die Abwehr und eine neue 3er-Gruppe in den Angriff.

⚠ Die Angreifer sollen nach Erhalt des Balles erkennen, ob ein Pass zum Kreis sinnvoll ist, oder ob der Abwehrspieler gut postiert ist, um den Ball zu erschweren oder zu blocken. In diesem Fall wird ein Querpass gespielt.

⚠ Die Abwehrspieler sollen Druck auf den Angriff ausüben und so verhindern, dass ein Pass zum Kreis gespielt wird. Sollte der Angreifer den Pass versuchen, versucht der Abwehrspieler zu blocken und den Ball zu verlangsamen.

⚠ Ziel der Abwehr ist es, so viele Querpässe wie möglich zu erzwingen oder einen Ball zu blocken. Jeder Querpass ist bereits ein Erfolg, auch wenn später irgendwann doch der Pass an den Kreis gelingt.

⚠ 4 am Kreis regelmäßig wechseln.

Nr.: 5-7	Abwehr / Kleingruppe	15	80

Aufbau:
- Mit vier Hütchen den Spielbereich markieren (s. Bild).

Ablauf:

- 🔺2 spielt zusammen mit 🔺1 am Kreis im 2gegen2 gegen 🟢1 und 🟢2. 🔺3 und 🔺4 stehen als Anspieler für 🔺2 zur Verfügung.

- 🔺2 darf beliebig oft die Anspieler nutzen (A). Die Anspieler dürfen nur zu 🔺2 zurück und nicht zu 🔺1 an den Kreis spielen.

Bild 1

- Bekommt 🔺2 den Ball, tritt 🟢2 offensiv auf ihn heraus, bekämpft einen eventuellen Durchbruchsversuch (B) im 1gegen1 (C) und versucht zudem, Pässe an den Kreis zu verhindern bzw. zu blocken.

- 🟢1 deckt in der Ausgangssituation gegen den Kreisläufer, begleitet ihn und schirmt ihn gegen ein Anspiel ab.

- Zwei Problemsituationen für die Abwehr können während des Spiels entstehen:
    - 🔺2 schafft es, sich im 1gegen1 gegen 🟢2 durchzusetzen (D). Hier muss 🟢1 schnell die Entscheidung treffen, zu helfen (E) und seine Position beim Kreisläufer zu verlassen. 🟢2 muss sich in diesem Fall sofort zum Kreisläufer zurücksinken lassen (F), um einen eventuellen Pass zum Kreisläufer (G) zu verhindern (s. Bild 1). 🟢1 und 🟢2 sollen beim Wechsel des Gegenspielers kommunizieren.

o ▲**1** kann sich am Kreis freilaufen (H) und den Pass von ▲**2** erhalten. ●**1** versucht nun, ▲**1** am Durchbruch in Richtung Tor zu hindern (K). ●**2** lässt sich etwas zurückfallen (L), um weiterhin Ball und Gegenspieler beobachten zu können. Versucht nun ▲**2**, sich in Richtung Tor für einen Doppelpass anzubieten (M), muss ●**2** immer die Position

Bild 2

immer die Position zwischen ▲**2** und dem Tor einnehmen (N) (Bild 2). Optimal zwingt die Abwehr den Kreisläufer, den Ball wieder ungefährlich in den Tiefenraum zurückzuspielen.

- Nach Abschluss des Angriffs, werden ▲**3** und ▲**4** zu den nächsten Angreifern, zwei neue Anspieler wechseln ein.

Nr.: 5-8	Abwehr / Kleingruppe	10	90

Aufbau:

- Mit zwei Hütchen den Spielbereich begrenzen.

Ablauf:

- Es werden 3er-Teams gebildet (wenn es nicht aufgeht, spielt ein Spieler zweimal in der Abwehr).

- Das erste 3er-Team (①, ② und ③), spielt zunächst 10 Angriffe in der Abwehr, wobei sich die anderen Spieler im Angriff abwechseln.

- Es wird im 3gegen3 mit Zuspielern auf beiden Seiten gespielt. Ein Spieler spielt am Kreis.

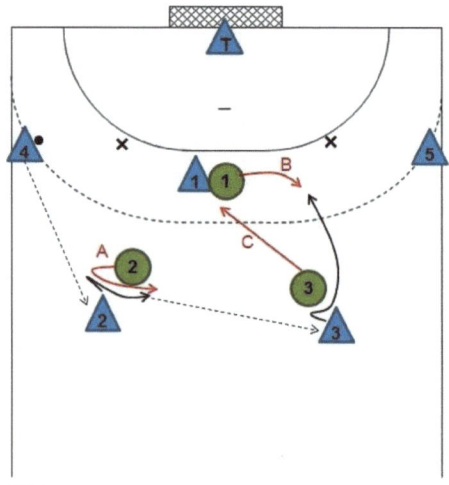

Bild 1

- ①, ② und ③ haben zunächst eine klare Zuordnung zu den Angreifern.

- ② und ③ treten den Rückraumspielern bei Ballerhalt entgegen, bekämpfen das 1gegen1 und versuchen, Pässe an den Kreis zu verhindern bzw. zu blocken (A).

- Gelingt einem Rückraumspieler (hier ③) der Durchbruch, muss ① die Entscheidung zum Aushelfen treffen (B).

- Der überlaufene Abwehrspieler (③) zieht sich zurück (C) und versucht, den Pass zum Kreis zu verhindern.

- Auch ② beobachtet Ball und Gegenspieler und kann bei Bedarf auch gegen den Kreisläufer aushelfen (nicht im Bild).
- Gelingt ein Pass zum Kreisläufer (D), wird der Kreisläufer möglichst am Durchbruch gehindert (E).
- Die vordere Abwehrreihe zieht sich etwas zurück (F), um weiterhin Ball und Gegenspieler zu beobachten und bei Bedarf am Kreis zu helfen.
- Gleichzeitig muss der Durchbruch ohne Ball von den Rückraumspielern verhindert werden, indem die Abwehrspieler

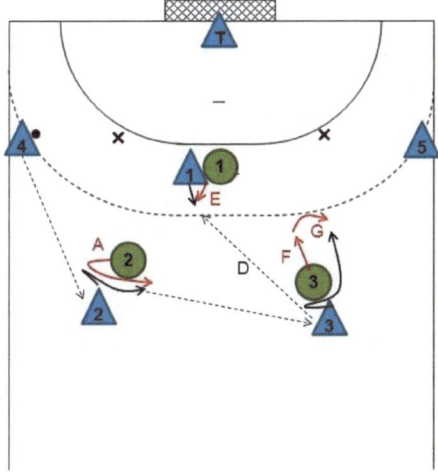

Bild 2

② und ③ immer die Position zwischen Tor und Gegenspieler beibehalten (G). Optimal zwingt die Abwehr den Kreisläufer, den Ball wieder ungefährlich in den Tiefenraum zurückzuspielen.

- Nach 10 Angriffen wechselt eine neue 3er-Gruppe in die Abwehr. Welche Gruppe bekommt die wenigsten Gegentore?

⚠ Die Abwehrspieler sollen miteinander kommunizieren und einen Wechsel des Gegenspielers absprechen.

Notizen:

_____

_____

_____

_____

_____

5. Über den Autor

JÖRG MADINGER, geboren 1970 in Heidelberg

Juli 2014 (Weiterbildung): 3-tägiger DHB Trainerworkshop "Grundbausteine Torwartschule"
Referenten: Michael Neuhaus, Renate Schubert, Marco Stange, Norbert Potthoff, Olaf Gritz, Andreas Thiel, Henning Fritz

Mai 2014 (Weiterbildung): 3-tägige DHTV/DHB Trainerfortbildung im Rahmen des VELUX EHF FinalFour
Referenten: Jochen Beppler (DHB Trainer), Christian vom Dorff (DHB Schiri), Mark Dragunski (Trainer TuSeM Essen), Klaus-Dieter Petersen (DHB Trainer), Manolo Cadenas (Nationaltrainer Spanien)

Mai 2013 (Weiterbildung): 3-tägige DHTV/DHB Trainerfortbildung im Rahmen des VELUX EHF FinalFour
Referenten: Prof. Dr. Carmen Borggrefe (Uni Stuttgart), Klaus-Dieter Petersen (DHB Trainer), Dr. Georg Froese (Sportpsychologe), Jochen Beppler (DHB Stützpunkttrainer), Carsten Alisch (Nachwuchstrainer Hockey)

seit Juli 2012: Inhaber der DHB A-Lizenz

seit Februar 2011: Vereinsschulungen, Coaching im Trainings- und Wettkampfbetrieb

November 2011: Gründung Handball-Fachverlag (handall-uebungen.de, Handball Praxis und Handball Praxis Spezial)

Mai 2009: Gründung der Handball-Plattform handball-uebungen.de

2008-2010: Jugendkoordinator und Jugendtrainer bei der SG Leutershausen

seit 2006: Inhaber der Trainer-B-Lizenz

Anmerkung des Autors
1995 überredete mich ein Freund, mit ihm zusammen das Handballtraining einer männlichen D-Jugend zu übernehmen.

Dies war der Beginn meiner Trainertätigkeit. Daraufhin fand ich Gefallen an den Aufgaben eines Trainers und stellte stets hohe Anforderungen an die Art meiner Übungen. Bald reichte mir das Standardrepertoire nicht mehr aus und ich begann, Übungen zu modifizieren und mir eigene Übungen zu überlegen.

Heute trainiere ich mehrere Jugend- und Aktivenmannschaften in einem breit gefächerten Leistungsspektrum und richte meine Trainingseinheiten gezielt auf die jeweilige Mannschaft aus.

Seit einigen Jahren vertreibe ich die Übungen über meinen Onlineshop handball-uebungen.de. Da die Tendenz im Handballtraining, vor allem im Jugendbereich, immer mehr in Richtung einer allgemeinen sportlichen Ausbildung mit koordinativen Schwerpunkten geht, eignen sich viele Spiele und Spielformen auch für andere Sportarten.

Lassen Sie sich inspirieren von den verschiedenen Spielideen und bringen Sie auch Ihre eigene Kreativität und Erfahrung ein!

Ihr

Jörg Madinger

6. Weitere Fachbücher des Verlags DV Concept

Von A wie Aufwärmen bis Z wie Zielspiel – 75 Übungsformen für jedes Handballtraining

Ein abwechslungsreiches Training erhöht die Motivation und bietet immer wieder neue Anreize, bekannte Bewegungsabläufe zu verbessern und zu präzisieren. In diesem Buch finden Sie Übungen zu allen Bereichen des Handballtrainings – vom Aufwärmen über Torhüter einwerfen bis hin zu gängigen Inhalten des Hauptteils und Spielen zum Abschluss, die Sie in ihrem täglichen Training mit Ihrer Handballmannschaft inspirieren sollen. Alle Übungen sind bebildert und in der Ausführung leicht verständlich beschrieben. Spezielle Hinweise erläutern, worauf Sie achten müssen.

Insgesamt gliedert sich das Buch in die folgenden Themenschwerpunkte:

Erwärmung:
- Grunderwärmung
- Kleine Spiele zur Erwärmung
- Sprintwettkämpfe
- Koordination
- Ballgewöhnung
- Torhüter einwerfen

Grundübungen, Grund- und Zielspiele:
- Angriff/Wurfserien
- Angriff allgemein
- Schnelle Mitte
- 1. und 2. Welle
- Abwehraktionen
- Abschlussspiele
- Ausdauer

Am Ende finden Sie dann noch eine komplette methodisch ausgearbeitete Trainingseinheit. Ziel der Trainingseinheit ist das Verbessern des Wurfs und der Wurfentscheidung unter Druck.

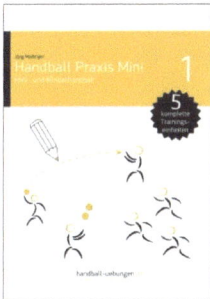

Mini- und Kinderhandball (5 Trainingseinheiten)

Mini- bzw. Kinderhandball unterscheidet sich grundlegend vom Training höherer Altersklassen und erst recht vom Handball in Leistungsbereichen. Bei diesem ersten Kontakt mit der Sportart „Handball" sollen die Kinder an den Umgang mit dem Ball herangeführt werden. Es soll der Spaß an der Bewegung, am Sporttreiben, am Spiel miteinander und auch am Wettkampf gegeneinander vermittelt werden.

Das vorliegende Buch führt zunächst kurz in das Thema und die Besonderheiten des Mini- und Kinderhandballs ein und zeigt dabei an einigen Beispielübungen Möglichkeiten auf, das Training interessant und abwechslungsreich zu gestalten.

Im Anschluss folgen fünf komplette Trainingseinheiten in verschiedenen Schwierigkeitsgraden mit Hauptaugenmerk auf den Grundtechniken im Handball (Prellen, Passen, Fangen, Werfen und Abwehren im Spiel gegeneinander). Hier wird spielerisch in die späteren handballspezifischen Grundlagen eingeführt, wobei auch die generelle Bewegungserfahrung und die Ausprägung von koordinativen Fähigkeiten besondere Beachtung findet.

Die Übungen sind leicht verständlich durch Text und Übungsbild erklärt und können in jedes Training direkt integriert werden. Durch verschiedene Variationen können die Trainingseinheiten im Schwierigkeitsgrad an die jeweilige Trainingsgruppe angepasst werden. Sie sollen auch Ideen bieten, die Übungen zu modifizieren und weiterzuentwickeln, um das Training immer wieder neu und abwechslungsreich zu gestalten.

Passen und Fangen in der Bewegung – 60 Übungsformen für jedes Handballtraining

Passen und Fangen sind zwei Grundtechniken im Handball, die im Training permanent trainiert und verbessert werden müssen. Die vorliegenden 60 praktischen Übungen bieten viele Varianten, um das Passen und Fangen anspruchsvoll und abwechslungsreich zu trainieren. Ein besonderer Fokus liegt dabei darauf, die Sicherheit beim Passen und Fangen auch in der Bewegung mit hoher Dynamik zu verbessern. Deshalb werden die Übungen mit immer neuen Laufwegen und spielnahen Bewegungen gekoppelt.

Die Übungen sind leicht verständlich durch Text und Übungsbild erklärt und können in jedes Training direkt integriert werden. Durch verschiedene Schwierigkeitsgrade und Komplexitätsstufen kann für jede Altersstufe das Passen und Fangen passend gestaltet werden.

Effektives Einwerfen der Torhüter – 60 Übungsformen für jedes Handballtraining

Das Einwerfen der Torhüter ist in nahezu jedem Training notwendiger Bestandteil. Die vorliegenden 60 Übungen zum Einwerfen bieten hier verschiedene Ideen, um das Einwerfen sowohl für die Torhüter als auch für die Feldspieler anspruchsvoll und abwechslungsreich zu gestalten. Ein besonderer Fokus liegt dabei darauf, schon beim Einwerfen die Dynamik der Spieler zu verbessern.

Die Übungen sind leicht verständlich durch Text und Übungsbild erklärt und können in jedes Training direkt integriert werden. Ob gekoppelt mit koordinativen Zusatzübungen oder vorbereitend für Inhalte des Hauptteils, kann für jedes Training und durch verschiedene Schwierigkeitsstufen für jede Altersstufe das Einwerfen passend gestaltet werden.

Weitere Handball-Fachbücher und E-Books finden Sie unter
www.handball-uebungen.de

Wettkampfspiele für das tägliche Handballtraining – 60 Übungsformen für jede Altersstufe

Handball lebt von schnellen und richtig getroffenen Entscheidungen in jeder Spielsituation. Dies kann im Training spielerisch und abwechslungsreich durch handballnahe Spiele trainiert werden. Die vorliegenden 60 Übungsformen sind in sieben Kategorien unterteilt und schulen die Spielfähigkeit.

Das Buch beinhaltet die folgenden Kategorien:
- Parteiball-Varianten
- Mannschaftsspiele auf verschiedene Ziele
- Fangspiele
- Sprint- und Staffelspiele
- Wurf- und Balltransportspiele
- Sportartübergreifende Spiele
- Komplexe Spielformen für das Abschlussspiel

Die Spiele sind leicht verständlich durch Text und Übungsbild erklärt und können in jedes Training direkt integriert werden. Durch verschiedene Schwierigkeitsstufen, zusätzliche Hinweise und Variationsmöglichkeiten können sie für jede Altersstufe angepasst gestaltet werden.

Taschenbücher aus der Reihe Handball Praxis (jeweils fünf Trainingseinheiten)

Handball Praxis 1 – Handballspezifische Ausdauer

Handball Praxis 2 – Grundbewegungen in der Abwehr

Handball Praxis 3 – Erarbeiten von Auslösehandlungen und Weiterspielmöglichkeiten

Handball Praxis 4 – Intensives Abwehrtraining im Handball

Handball Praxis 5 – Abwehrsysteme erfolgreich überwinden

Handball Praxis 6 – Grundlagentraining für E- und D-Jugendliche

Handball Praxis 7 – Handballspezifisches Ausdauertraining im Stadion und in der Halle

Handball Praxis 8 – Spielfähigkeit durch Training der Handlungsschnelligkeit

Handball Praxis 9 – Grundlagentraining der Altersklasse 9 bis 12 Jahre

Handball Praxis 10 – Moderner Tempohandball: Schnelles Umschalten in die 1. und 2. Welle

Handball Praxis 11 – Ganzheitliches und abwechslungsreiches Athletiktraining

Handball Praxis Spezial 1 – Schritt für Schritt zur 3-2-1 Abwehr (6 Trainingseinheiten)

Handball Praxis Spezial 2 – Schritt für Schritt zum erfolgreichen Angriffskonzept gegen eine 6-0 Abwehr (6 Trainingseinheiten)

www.ingramcontent.com/pod-product-compliance
Lightning Source LLC
Chambersburg PA
CBHW042129080426
42735CB00001B/22